U0894818

本书得到云南师范大学2019年博士科研启动项目的资助

Research on Construction of Compulsory Food Safety Liability Insurance System:

Based on The Theory of Balancing of Interests in Legislation

食品安全责任强制保险制度构建研究：

基于立法利益衡量理论

何锦强 ◎著

中国财经出版传媒集团
经济科学出版社
Economic Science Press

序

食品安全问题一直是社会广泛关注的热点问题。在深入推进政府职能转变和社会治理创新的背景下，如何推动食品安全治理模式创新，更好维护消费者权益，是我国法治社会建设中的重大问题。食品安全责任强制保险的出现，既是保险市场的重要创新，也是食品安全治理领域的重要创新。然而，对于食品安全责任强制保险，我国社会仍褒贬不一、纷争不断。这也在较大程度上影响了相关立法的发展。在依法治国的背景下，应如何认识该制度？如何看待该制度的现在和未来？如何推动该制度的构建？对这些问题进行研究，无疑具有较好的理论意义和现实意义。

强制保险本身是国家意志的重要体现。但在市场经济条件下，国家干预的边界和范围均受到严格限制。如何在优先保护公共利益的前提下，实现保险当事人和其他相关者的利益平衡，是推行强制保险的核心问题。对此，食品安全责任强制保险也不例外。只有通过科学的制度设计，使公共利益和相关主体利益得以协调和平衡，才能为食品安全责任强制保险的推行奠定正当性与可行性基础。

本书在对食品安全责任强制保险的制度构建问题进行研究时，突出运用了立法利益衡量理论，具有一定的新意。一方面，利益衡量理论主要是一种法解释意义上的理论，实践中多运用于法律适用领域，本书将其扩展运用到制度创建的层面，并对相关理论进行了重新梳理和重构；另一方面，将立法利益衡量理论运用于食品安全责任强制保险制度构建的分析，在研究方法上显著区别于强制保险的既有研究。此外，本书还着重分析了我国食品安全责任强制保险推行的背景和开展“试点”的情况，并立足于我国深入推进政府职能转变和食品安全治理模式创新的时代背景，对食品安全责任强制保险的制度规则和立法体系进行了研究，在内容上具有较好的创新性。

何锦强博士的这本著作，较好地将理论性与实践性融为一体。在分析论证过程中，本书不仅深入阐述了食品安全责任强制保险和立法利益衡量的基本理论，而且将二者结合起来，对食品安全责任强制保险的利益衡量、制度规则设计、立法体系完善等基本问题进行了研究；同时，紧密结合我国国情和食品安全责任强制保险发展的现实环境，就该制度的发展路径提出了相应的对策建议。总体上看，本书研究视角新颖、资料充分、论证深入、结论可行，不仅能为我国强制保险研究提供新的视角、增添新的内容，而且能为我国食品安全责任强制保险的立法和发展提供有益借鉴。

何锦强博士有着扎实的金融学和法学理论功底，曾在多家金融机构任职，并有多年的法律实务工作经验，在理论研究中善于从不同视角把握和分析专业问题。本书的完成，是其多年来勤加思考、深入实践和努力探索的结果。在本书即将在经济科学出版社出版之际，特作此序。相信本书的出版将给我国食品安全责任强制保险的理论研究和实践带来助益。

北京大学法学院教授　蒋大兴

2020 年 6 月

前言

随着市场经济和现代保险业的快速发展，强制保险已逐渐成为各国加强公共风险管理和实现特定政策目标的有效手段。一方面，它以立法为基础，通过国家对保险当事人契约自由和缔约内容的强制干预，确保保险合同得以在高风险行业和领域订立，从而避免因保险市场失灵而导致的缔约失败，为保险风险管理功能的发挥创造必要前提，并促使保险当事人的行为朝着国家所设定的政策目标方向发展。另一方面，“强制”本身并不意味着对意思自治和市场机制的根本否定。国家在对保险当事人的自由意志和行为进行干预的同时，往往允许强制保险采取市场化的运作方式。通过特定的制度规则设计，赋予保险人一定的经营自主权，使市场机制得以在一定程度上发挥作用，继而有利于实现强制保险的高效运作和可持续发展。

由于强制保险是对保险当事人意思自治和财产权的重大干涉，因此，通常情况下，只有当特定风险已对社会公共利益构成重大威胁且无更优的解决方案时，才可能得到公众的认可和立法的确认。与其他强制责任保险相比，食品安全责任强制保险本身并非普遍的和常见的保险制度。从世界范围看，仅有少部分国家和地区有强制特定食品及食品细分行业投保的立法先例。毫无疑问，食品安全问题对一国具有特殊重要性，它直接关乎国民利益、社会公共利益和国家利益，但令人意外的是，在是否以推行食品安全责任强制保险的方式管理食品安全责任风险的问题上，绝大多数国家和地区均采取了否定的态度和做法。显然，食品安全问题和食品安全责任风险并不足以成为一国全面推行食品安全责任强制保险的充分理由。在我国，面对食品安全问题，保险业早在 20 世纪 80 年代即推出了食品安全责任的相关保险产品，但是，由于受到各种不利因素的影响，任意责任保险始终不能成为食品安全责任风险管理的有效工具。在此背景下，国务院及一些地方政府开始关注强制保险，并陆续出台政策和文件，推动食品安全责任强制保险“试点”的开展。由于食品安全责任强制保险的推行缺乏足够的立法依据，其在广受社会关注的同时，也成为学术界和实务界论争不断的问题。反映到立法上，2013 年 10 月 29 日发布的《中华人民共和国食品安全法（修订草案送审稿）》明确提出“国家建立食品安全责任强制保险制度”，但在最终修订通过的立法中，却改为了“国家鼓励食品生产经营企业参加食品安全责任保险”，分歧由此可见一斑。

尽管尚未获得立法的确认，但这并非对食品安全责任强制保险的根本否定，因为立法是一个循序渐进的过程，在立法条件尚未完全具备和完全成熟的情况下，立法拖沓将不可避免。当前，我国正全面加强依法治国，加快推进社会主义法治国家建设。在此过程中，为了进一步完善社会主义法律体系，各类法律的创建、修订将更加频繁。而在“以人民为中心”的发展理念的指引下，立法必将更加突出对民事权利和利益的保护，更加强调风险时代背景下对受害人的救济和对损害的预防。关于这一点，从《中华人民共和国民法典》侵权责任独立成编的做法中便可得到印证。但是，受害人的有效救济往往是以侵权人的责任能力为前提的。在食品安全事故中，当侵权人缺乏足够的赔偿能力时，受害人救济便难以实现。为了加强损害预防和受害人救济，在法律上必须做出专门的制度设计。这也是《中华人民共和国食品安全法》鼓励食品生产经营企业参加食品安全责任保险的主要原因。虽然任意保险是最为常见的责任风险预防和控制方式，但从我国保险市场发展的现状看，“供求双冷”已成为制约食品安全责任任意保险发挥作用的主要因素。当任意保险合同无法达成时，保险这一现代风险管理手段的功能将无从发挥，《中华人民共和国食品安全法》“鼓励投保”的立法初衷也将彻底落空。由此可见，食品安全责任强制保险仍具有难以被其他制度所取代的制度优势，其在我国的发展前景仍值得期待。

从实践层面看，在国务院和地方政府的大力推动下，食品安全责任强制保险“试点”已在我国多地开展，并取得了良好的成效。同时，由于立法的缺失，食品安全责任强制保险发展仍面临诸多问题。其中，最核心的问题在于：如何构建食品安全责任强制保险的制度规则，如何完善其立法体系？因为，与交通事故责任风险、环境污染责任风险相比，食品安全责任风险的诱因更加复杂，管控难度更大，如果只是简单地移植和照搬机动车交通事故责任强制保险、环境污染强制责任保险的制度规则，必然难以收到较好的效果。只有准确把握强制保险的本质属性，并紧密联系我国食品业、保险业及食品安全责任强制保险发展的实际，充分借鉴吸收其他强制责任保险的成功经验，才能建立符合我国实际的食品安全责任强制保险统一规则。从立法体系构建的角度看，则应深入研究我国强制保险的发展规律和立法的发展趋势，并将食品安全责任强制保险立法置于中国特色社会主义法律体系的总体框架内，才能构建形成完善的食品安全责任强制保险制度。

再从立法的目的看，法律总是希冀通过对特定社会关系的调整，形成特定的利益格局和法律秩序。相应地，在进行法律制度的创建时，必须对其所关涉的利益和利益关系进行分析。就食品安全责任强制保险而言，由于“强制”的介入，将对食品市场和保险市场的利益格局产生重大影响，一旦其制度设计不当，不仅难以达到预期的立法效果，甚至可能对立法权威、政府信用及相关保险主体利益造成不利影响。因此，利益和利益关系分析应成为食品安全责任强制保险制度构建的必要前提。在此基础上，应当进一步分析食品安全责任强制保险利益平衡的实现机制和路径，并结合我国国情和实践经验，创建相关制度规则和完善相关立法。基于此，本书创造性地将利益衡量理论扩展运用于立法领域，以为食品安全责任强制保险制度构建的分析提供理论依据和方法论。本书具体的分析过程为：首先，结合时代背景，从法理的角度对食品安全责任强制保险进行解析，并对其在我国“试点”的情况进行检视和反思，提出问题；其次，从立法的视角对利益衡量理论进行重新诠释，确立立法利益衡量理论的基本分析框架，以及本书理论分析和演绎的逻辑进路；最后，运用立法利益衡量理论，对食品安全责任强制保险所涉及的利益和利益关系进行识别与衡量，并从其利益平衡的实现机制出发，理论联系实际，对我国食品安全责任强制保险的基本规则进行分析，并对其立法完善提出对策建议，以此形成我国食品安全责任强制保险的基本制度架构。在以上分析论证的过程中，本书同时运用了民商法学、保险学、社会学等学科的理论和方法，力求获得更具有理论说服力和实际操作性的研究结论。

目 录

第一章

导　论

第一节　研究背景及意义

一、研究背景

近年来，我国食品安全事故频发，不仅严重损害了消费者利益和社会公共利益，而且严重影响了社会和谐稳定，而侵权人却往往因为赔偿能力不足而得以逃避惩罚，食品领域的公平正义难以得到彰显，如何加强食品安全责任风险管理和受害人保护由此成为社会广泛关注的热点问题。

为了加强食品安全责任风险管理，一些保险公司开始推出食品安全责任保险，意图通过现代保险手段的运用，实现相关各方的互利共赢。然而，受法治环境不完善、食品生产经营者投保意愿不足、保险公司盈利难度大等因素影响，食品安全责任保险陷入“供求双冷”的困境中，责任保险的功能也未能得到充分发挥。而在此期间，机动车交通事故责任强制保险（以下简称“交强险”）的推行却取得了显著成效，不仅带动了整个交通事故责任保险市场的发展，而且为众多受害人提供了有效救济。于是，我国开始关注食品安全责任强制保险，希冀通过强制保险手段的运用，加强食品安全责任风险管理，更好地保护受害人。

自2012年起，国务院陆续出台文件，并通过食品安全工作安排等形式，推动食品安全责任强制保险“试点”的开展。但是，时至今日，学界对食品安全责任强制保险仍未形成一致看法。支持者认为，食品安全责任强制保险是解决食品安全问题的有效方式，它能够弥补当前食品安全监管模式的不足，实现责任社会化，并弥补侵权行为法的功能缺陷（潘红艳和徐卫东，2014）。而反对者则认为，由于推行食品安全责任强制保险所需要的基础数据过于薄弱，同时也缺乏可资借鉴的成功经验，再加上我国各地的习俗文化和饮食习惯存在较大差异，推行的时机尚未成熟（沈建华，2014）；如果推行食品安全责任强制保险，将可能造成中小食品企业成本上升，并对就业和食品市场活力产生不利影响（马晓华，2015）。同时，食品安全责任强制保险的投保门槛相对较高，容易导致投保率过低、保险企业的承保风险过大，推广的难度较大（鲍石，2013）。反映到立法上，《中华人民共和国食品安全法》（以下简称《食品安全法》）在历经“强制投保”和“鼓励投保”的反复权衡后，最终出于谨慎的考虑，选择了后者。

尽管食品安全责任强制保险尚未被立法所确认，但其在我国的发展前景依然可期。因为实践已经证明，在食品安全责任任意保险“供求双冷”的保险市场环境下，如果缺乏必要的国家干预，责任保险在食品安全责任风险管理中的作用将难以发挥。由于强制保险是对契约自由的重大限制，其制度构建显得尤为重要。如果缺乏科学的制度设计，不仅无法实现相关主体的利益协调与平衡，而且强制保险的制度目标也将难以实现。据此，在我国深入探索和推动食品安全责任强制保险发展的背景下，有必要对其制度构建问题进行研究。

二、研究意义

随着经济社会的转型升级，如何有效管理和应对公共风险成为社会治理中的重要课题；而政府职能转变的深入推进，进一步厘清了政府与市场的边界，促使政府综合运用多种手段来加强公共风险管理。在此背景下，食品安全责任强制保险成为政府加强食品安全治理的重要选择。我国食品安全责任强制保险仍处于发展的初始阶段，不仅有价值的理论研究成果较少，而且在实践中也面临着诸多问题。其中，又尤以上位法依据不足的问题最为突出。但是，我们似乎并不能简单地否定食品安全责任强制保险，因为类似的情形已发生在环境污染强制责任保险上。那么，应如何看待这种现象？如何协调食品安全责任强制保险所涉及的利益和利益关系？如何科学地构建其制度规则，并对其立法体系加以完善？基于这些问题，本书研究的意义在于：从理论研究的角度看，有利于进一步加强对食品安全责任强制保险相关理论的研究，为其制度规则的设计和立法体系的完善提供理论支持，同时，以利益衡量理论为分析工具展开，能够为强制责任保险的制度研究提供新的思路和视角，具有一定的理论意义；从实践的层面看，能为食品安全责任强制保险“试点”的继续深入开展以及所面临问题的解决提供一定的借鉴，同时，也能够为食品安全责任强制保险制度规则的构建和立法体系的完善提供参考。

第二节　文献综述

一、国内研究现状

随着食品安全责任强制保险相关文件的出台及“试点”在各地的逐步推开，国内部分学者对其相关理论和实践问题进行了研究，主要体现在以下五个方面。

1. 关于建立食品安全责任强制保险的必要性和可行性

对于这个问题，学界并无过多的异议。学者们普遍认为，虽然保险是加强食品安全风险管理的有效手段，但在我国当前的市场环境下，食品生产经营主体往往缺乏主动投保食品安全责任保险的动力，只有建立强制责任保险制度，才能发挥保险在食品安全风险管理中的作用。而风险转移的潜在需求、保险业承保重大食品安全风险的技术条件和能力、交强险的成功经验、工外部性等客观条件的存在，使推行食品安全强制责任保险具有可行性。

2. 关于食品安全责任强制保险的合法性

对于这个问题，学界尚未形成一致意见。持肯定意见的学者认为，基于法律对人身法益的特殊保护，如果仅以企业或个人的财产作为食品侵权损害赔偿的后盾，将对整个社会的稳定造成潜在威胁；鉴于食品安全问题的重要性以及我国现实的食品安全环境，推行食品安全责任强制保险具有合法性（董泽华，2015）。持否定意见的学者则认为，由于食品安全责任强制保险尚未被既有法律所确认，其推行缺乏形式合法性基础（张恩典，2016）；至少在目前，食品安全责任强制保险已丧失了可行性基础，地方所开展的“试点”在法理上也失去了上位法根据（卢玮，2015）。

3. 关于食品安全责任强制保险的制度功能

当前，学界主要从以下两个角度分析食品安全责任强制保险的制度功能：第一，基于强制责任保险的普遍性特征，认为食品安全责任强制保险的功能在于加强消费者权益保护、加强责任风险的预防和管理、提升食品企业和食品行业的整体信誉等（李芳和王煜，2015）；第二，侧重从侵权损害救济的角度进行分析，认为食品安全强制责任保险可以通过食品安全领域的责任社会化加强受害人救济，并促进侵权法预防功能和补偿功能的实现（潘红艳和徐卫东，2014）。

4. 关于食品安全责任强制保险的立法

有学者认为，既有立法并未从根本上否定食品安全责任强制保险。在短期内，我国可以以部门规章的形式对食品安全责任强制保险的具体规则作出规定；中长期目标是制定行政法规，并在再次修订《食品安全法》时明确规定食品安全责任强制保险（于海纯，2015）。

5. 关于食品安全责任强制保险的负面效应

尽管学界普遍对食品安全责任强制保险持肯定态度，但也有部分学者认为其可能会带来一些负面效应。首先，我国的食品企业主要以小微企业为主，推行食品安全责任强制保险将会增加其生产经营成本，由财政托底并不具有现实性；保险企业也可能出于盈利性考虑而消极对待，或故意降低其赔偿标准，使保险的功能丧失（卢玮，2015）。其次，可能会面临市场化经营与国家干预之间的矛盾。商业强制保险由保险人负责经营，但国家常常会以非市场化的方式进行干预，导致其在业务经营中面临诸多难题（温世扬和周珺，2010）。最后，食品安全责任强制保险可能使部分企业无视其社会责任，致使更多的食品安全事故和食品安全隐患产生，并使消费者暴露在新的风险面前（沈建华，2014）。

总体上看，国内学界对食品安全责任强制保险的研究仍处于起步阶段，不仅研究成果的数量较少，而且在研究视角、研究方法和研究内容上均存在诸多不足。这具体表现在以下三个方面。首先，研究内容缺乏全面性和系统性。既有研究往往只针对食品安全责任强制保险的个别理论问题进行研究，割裂了制度内部诸要素的联系，导致研究内容缺乏全面性和系统性；同时，由于既有研究往往缺乏对食品安全责任强制保险所涉及的利益和利益关系进行分析，导致研究的理论深度不够。其次，研究视角过于狭窄。法律制度的推行离不开特定的社会背景。在我国深入推进政府职能转变和社会治理创新的背景下，食品安全责任强制保险的推行具有特殊意义。而既有研究几乎都忽视了这一重要背景和研究基础，仍是以"就事论事""就制度论制度"的简单范式展开，未能跳出食品安全责任强制保险看待食品安全责任强制保险，导致理论与实际脱节，研究的意义和价值也大大降低。最后，研究方法缺乏创新。从研究方法看，既有研究往往较少运用专门的理论工具进行分析，对相关学科理论的综合运用也存在不足。食品安全责任强制保险并非单一的法律问题，在其推行过程中，必然会与法律、公共行政管理、保险业发展、社会治理等多个领域的问题发生联系。将法学的分析方法与其他相关学科的分析方法相结合，有助于得出更加科学的结论。

二、国外研究现状

在欧美发达国家，由于普遍形成了相对完善且严格的产品责任制度，食品违法的成本极其高昂。为了转移责任风险，食品企业往往会积极主动地投保产品责任保险，通常无须进行立法强制。相应地，其理论研究也更多集中在任意责任保险上。基于本书研究所涉及的内容，现对国外的相关文献进行梳理。

1. 关于责任保险的存在对侵权责任认定的影响

有学者通过实证研究认为，责任保险的存在将对侵权责任的认定产生重要影响，在实践中，侵权责任的认定将受到保险责任限额的影响（汤姆·贝克，2012）。在此基础上，还有学者对其所造成的法律后果进行了研究，认为这种做法可能推动保险费率的不断提高，并可能导致大量的追偿案件产生，既不经济，也不符合公平原则（格哈德·瓦格纳，2012）。

持相反观点的学者则认为，责任保险的存在并不会对侵权法产生负面影响，虽然它在一定程度上影响了侵权法的威慑功能，但这与负外部性并没有必然关系（William M. Landes & Richard A. Posner，1987）。

2. 关于实行强制保险的缘由

英美国家的学者倾向于认为，实行强制保险的主要依据在于保护受害人和保单持有人，并实现风险的内部化，否则事故的风险将由社会承担（Michael G. Faure，2006）。另有许多学者从立法者的动机出发，认为引入强制保险的根本目的在于解决消费者赔偿问题、减轻政治压力和消费者压力，并实现行业协会的自我规制等（Tettamanti Bernard，2016）。

3. 关于政府对责任保险进行干预的后果

对于这个问题，主要有两种代表性观点。一是负面效应说。该观点认为虽然购买责任保险可以改变归责原则所构建的激励机制，但在一个竞争市场中销售的保单能够提供合适的替代激励来减少事故风险的发生，因此，政府对责任保险进行干预将不利于社会的整体利益（Steven Shavell，1982）。二是正面效应说。该观点认为责任保险具有救济受害人、降低经营者责任风险、形成风险分担机制等制度价值，当其以强制的方式推行后，便形成了政府对其实施效果的隐性担保，有助于推动其价值的实现（Gary T. Schwartz，2000）。

4. 关于食品安全责任保险的实际功效

对于这个问题，国外学者并未形成一致看法。有学者认为，强制性的食品安全责任保险能发挥商业许可证及食品安全规则的作用（Omri Ben-Shaha & Kyle D. Logue，2012）。另有部分学者对责任保险能否作为有效的食品安全规则持怀疑态度，认为责任保险在给生产者带来责任风险转移预期的同时，歪曲了生产安全食品的激励，而由于道德风险的存在，责任保险会导致食品安全投资低于正常水平（John Aloysius Cogan Jr.，2016）；低效率总是与责任保险所产生的效应紧密有关，同时，它会直接增加生产者的固定成本，对中小规模食品企业产生不利影响（Kathryn A. Boys，2013）。

5. 关于如何消除经济共同体内强制保险的法律冲突

有学者通过分析强制保险的功能及其在欧盟国家的立法情况，认为强制保险将对自由以及欧盟内部市场竞争产生不利影响。在维持对受害人的强制保护的前提下，应充分发挥欧盟保险合同法基本原则的作用，实现各国立法的协调，其途径是创造超越国家的保险合同法，或者建立不超越国家的保险合同法，但允许缔约方选择欧盟的法律（Helmut Heiss，2016）。另有学者从实践的角度出发，认为不同的法律标准有可能阻碍跨境服务条款的实施。由于保险人不可能制作出能在所有欧盟成员方统一使用的单一保单，并要求被保险人同时满足在不同国家的标准，因此，强制保险的法律协调和统一非常必要（Stefan Perner，2016）。

与国内关于强制保险的研究成果相比，国外更加重视对强制保险中的政府干预、强制保险的社会效果等问题进行研究。虽然其极少针对食品安全责任强制保险进行研究，但考虑到强制责任保险的许多共性特征，依然能够为本书研究提供重要的借鉴和参考。

三、对研究的总体述评及展望

从国内外的相关研究看，总体上呈现出以下几个特征。第一，在研究视角上，着眼于强制保险对契约自由的限制，以及推行强制保险的必要性与合理性，突出对本国或本区域社会关注的热点问题进行研究。第二，在研究内容上，主要集中在强制保险与侵权法的关系、强制保险的制度设计、强制保险中的政府干预、强制保险的功能等问题上，力图使强制保险更好地服务于本国的公共风险管理和经济社会发展。第三，在研究结论上，国外学者大多反对以强制保险的方式推行食品安全责任保险或产品责任保险；而在国内，赞成和支持推行食品安全责任强制保险的学者居多。这与不同的国情、不同的法律理念和法律制度，以及市场经济发育程度的不同紧密相关。

虽然国家推行强制责任保险的目的在于加强重大公共风险管理和维护社会公共利益，但它并未否定对相关保险主体利益的保护。在强制责任保险制度构建的过程中，只有科学处理其所涉及的利益和利益关系，并实现相关主体的利益平衡，才能更好地实现其制度目标，也才能更好地体现强制责任保险的正当性。因此，利益、利益关系和利益平衡分析，是强制责任保险研究的重要内容。由于当前对该问题进行专门研究的成果较少，可以预见，在将来的一段时间内，该问题仍将是强制责任保险研究的重要方向。

本书立足于食品安全责任强制保险制度构建过程中的利益衡量，并以立法利益衡量理论为主要分析工具，同时综合运用相关学科的理论和分析方法，从立法利益平衡的角度分析食品安全责任强制保险的制度构建问题，既契合了强制责任保险研究的发展方向，也实现了本书在视角、方法和内容上的创新。

第三节　研究目的及方法

一、研究目的

本书的研究目的是立足于法律制度创建过程中的利益衡量，通过运用立法利益衡量理论，对食品安全责任强制保险及其相关主体所涉及的利益关系和利益冲突进行分析，并理论联系实践，对我国食品安全责任强制保险的实践进行检视和反思；在此基础上，从国家权力、相关主体权利和义务平衡配置的角度分析食品安全责任强制保险的基本制度规则，并对其立法体系的构建提出对策建议。

二、研究方法

1. 价值分析法

作为一种法学分析方法，价值分析法是指以价值分析为基础，对法律制度的应然和实然状态进行分析，并对其发展和演变作出评价。在我国对推行食品安全责任强制保险尚未形成一致看法的情况下，必须对食品安全责任强制保险的制度价值和正当性基础作出客观评价。因此，价值分析法对于本研究具有重要意义。

2. 文献分析法

虽然我国对食品安全责任强制保险的研究尚存在诸多问题，有价值的文献也相对较少，但总体上看，学界已对与本研究内容相关的责任保险、强制缔约、侵权损害救济等问题进行了相对充分的研究。这些成果不仅能为本研究提供一定的理论依据，而且能为本研究提供思路和方法上的有益借鉴。因此，文献分析法是本研究所运用的重要方法。

3. 案例分析法

近年来，我国各级政府出台了许多规范性文件，推动食品安全责任强制保险“试点”的开展。目前，这些“试点”仍在继续。通过对相关实践案例进行分析，有助于揭示其制度实施过程中的问题，继而为其制度规则设计提供依据。因此，案例分析法的运用，有助于提高研究结论的实效性。

4. 比较分析法

本研究是以食品安全责任强制保险的立法体系不完善、统一的制度规则缺失为背景展开的。这既是本研究的创新点所在，也是本研究的难点所在。相应地，在研究过程中，通过运用比较分析法，借鉴吸收其他强制责任保险的成熟做法和成功经验，有助于推动本研究的顺利进行，并使研究结论更具有客观性与可行性。

5. 社会分析法

作为强制责任保险，食品安全责任强制保险的推行必然会对我国保险业、食品业、社会治理、保险当事人、社会公众利益等产生重要影响。因此，通过运用社会分析法，对推行食品安全责任强制保险所带来的社会效应以及相关主体利益可能受到的影响进行分析，能为其制度构建奠定合理性基础。

第四节 本书主要结构

本书围绕“食品安全责任强制保险的基本法理→食品安全责任强制保险的既有实践→分析视角和分析工具介绍→食品安全责任强制保险的利益

衡量→食品安全责任强制保险的规则设计→食品安全责任强制保险的立法完善→结论”的思路展开。本书主要结构如下。

（1）食品安全责任强制保险的法理解析。对食品安全责任强制保险的内在含义、基本功能、社会效应、制度推行的基础性条件等理论问题进行阐释，为食品安全责任强制保险制度构建的分析奠定理论基础。

（2）食品安全责任强制保险的实践检视和反思。立足于实践，对我国食品安全责任强制保险“试点”的状况加以总结，并对其中所折射出的典型问题进行分析，为食品安全责任强制保险制度构建的分析奠定实践基础。

（3）立法利益衡量理论及其分析框架。对立法利益衡量理论的主要内容和分析框架加以梳理和重新阐释，为食品安全责任强制保险制度构建分析提供基本的分析工具。

（4）食品安全责任强制保险的利益衡量。运用立法利益衡量理论，在利益识别的基础上，对食品安全责任强制保险的制度利益及相关主体的利益进行权衡与比较，并基于利益平衡的目标，提出食品安全责任强制保险制度构建的基本路径。

（5）食品安全责任强制保险的制度规则设计。以立法利益衡量理论为依据，在确立食品安全责任强制保险基本理念的基础上，从权力和义务平衡配置、权利和义务平衡配置、权力和权利平衡配置的角度，分析食品安全责任强制保险的基本制度规则。

（6）食品安全责任强制保险立法体系的完善。基于食品安全责任强制保险立法权分配的分析，结合现行立法，提出完善我国食品安全责任强制保险立法体系的对策建议。对于立法体系完善前的过渡期，也提出具有可行性的对策建议。

（7）结论。结合以上分析，对本书所研究的主要问题和结论进行总结。

第二章

食品安全责任强制保险的法理解析

与机动车交通事故责任强制保险、环境污染强制责任保险等传统意义上的强制责任保险险种相比，食品安全责任强制保险显得极为小众、颇为特殊。毕竟，综观域外国家和地区所推行的食品安全责任保险，任意保险是其普遍采取的模式，并且，除我国台湾有一定种类、规模的食品业者应投保产品责任保险的相关规定，以及个别国家立法规定特定类型的食品须投保食品安全责任保险外，[①] 并无全面推行食品安全责任强制保险的先例。为此，有必要对食品安全责任强制保险的法理进行分析，以更好地反映其样貌，为其在我国的制度构建奠定理论基础。

第一节　食品安全责任强制保险的含义和特征

一、食品安全责任强制保险的基本含义

食品安全责任强制保险是指依照法律规定，特定的食品生产经营主体应向保险人投保，保险人必须承保，并以被保险人对第三人所承担的食品侵权损害赔偿责任为保险标的的强制责任保险。

就任意责任保险而言，保险当事人可以根据自己对责任风险和投保成本收益的判断，以意思自治的方式，自主决定保险合同的缔结，自由协商

---

① 例如，德国法律规定，转基因食品的生产和销售必须以投保责任保险为前提。参见郭峰，杨华柏，胡晓珂，陈飞．强制保险立法研究［M］．北京：人民法院出版社，2009：111.

确定保险合同的内容。与之相比，食品安全责任强制保险从根本上改变了保险当事人合同自治的状态。特定的投保人和保险人不仅要承担订立食品安全责任强制保险合同的义务，而且要严格按照法律的规定确立保险合同的内容。国家则通过食品安全责任强制保险制度，对保险市场主体的行为进行干预，促使其行为朝着有利于食品侵权责任风险管理和第三人利益保护的方向发展。由此可见，食品安全责任强制保险是国家调整食品安全责任保险法律关系，并实现特定社会治理目标的重要手段。

二、食品安全责任强制保险的主要特征

作为新型的强制责任保险，食品安全责任强制保险既具有一般强制保险的特征，也具有其自身的特殊属性。这突出体现在以下几个方面。

1. 缔约强制与合同内容法定的有机统一

食品安全责任强制保险的推行，必须以法定强制性为基础。这突出表现在以下两个方面：缔约的强制与合同内容的强制。一方面，国家通过立法，要求特定主体必须履行订立食品安全责任强制保险合同的法定义务。在立法上，不仅对投保人的范围和资格条件做出明确规定，而且对保险人的承保义务和相关主体违反缔约义务的法律责任做出规定，以确保保险合同得以在特定主体之间订立。另一方面，保险合同的内容主要由立法做出规定，当事人意思自治的空间极其狭小。从实效性的角度看，如果立法仅仅确定保险当事人的缔约义务，而未对其保险合同的内容加以限制，依然难以实现食品安全责任强制保险的立法目标。因为保险当事人均系自主经营、自负盈亏的市场主体，在订立食品安全责任强制保险合同的过程中，必然本着利益最大化的诉求协商确定合同内容，如果立法不对其自由意志加以必要限制，不仅可能对第三人利益和社会公共利益产生不利影响，而且将使立法所确定的强制缔约模式失去意义。因此，食品安全责任强制保险的法定强制性应包括缔约强制与合同内容法定两方面的内容，二者有机统一、不可分割。这也意味着，保险当事人只有依照立法所确定的保险合同内容履行缔约的法定义务，才能避免承担不利的法律后果。

2. 以食品侵权损害赔偿责任为保险标的

责任保险是以民事赔偿责任为保险标的的第三方保险。对食品安全责任强制保险而言，其保险标的便是被保险人对第三人所承担的食品侵权损害赔偿责任。这是一种因食品不符合安全标准，或不符合保障人体健康要求而造成人身和财产损害，应由食品生产经营者和相关主体向受害人承担的民事赔偿责任。与一般的民事侵权行为相比，食品侵权更加复杂。首先，不同的食品行业和领域，其侵权风险存在较大差异；不同地区的食品侵权呈现出不同的特征，在损害赔偿标准上也存在较大差异。其次，食品侵权既可能导致对个别或少数消费者的轻微损害，也可能导致涉及人数众多、损害后果严重、社会影响恶劣的大规模侵权损害。再次，食品侵权的诱致因素众多，且各种因素交织和相互作用，涉及复杂的技术问题，在侵权责任的认定上较一般侵权更加困难。最后，食品侵权所涉及的民事责任类型更多，侵权人可能需要承担精神损害赔偿和惩罚性赔偿等法律后果。这无疑将对食品安全责任强制保险制度构建所关涉的投保人范围认定、保险费率厘定、保险责任范围确定、保险制度运作等带来诸多挑战。

3. 食品安全监管政策的重要体现

强制责任保险的推行总是为特定的公共政策和公共风险管理服务的。对此，食品安全责任强制保险也不例外。它必须服务与服从于国家的食品安全监管需要。客观上看，食品安全风险本身并非固定不变的。随着经济的发展、技术的进步、文化和社会治理环境的变迁，食品业内部各细分行业和领域的食品安全风险亦会发生变化，甚至是较大的变化。而在我国深入推进政府职能转变和社会治理体系现代化的进程中，食品安全监管的理念、手段和政策亦将发生深刻变化。政府在继续发挥其食品安全监管职能的同时，必然越来越多地借助责任保险等市场化工具，不断提高食品安全监管的效能。具体到食品安全责任强制保险，它已不仅仅是单一的食品安全责任风险管理工具，更是政府食品安全监管政策的集中体现。通过立法推行食品安全责任强制保险，政府不仅可以将食品安全监管政策的理念、目标和内容更好地落到实处，而且能够有效弥补政策本身存在的缺陷和不足，切实提高各种食品安全治理手段的协同性。

在此意义上，食品安全责任强制保险甚至成了国家食品安全监管政策的重要组成部分。

4. 属于商业保险的范畴

尽管食品安全责任强制保险旨在为国家的食品安全监管政策服务，并具有法定强制性和公益性特征，但从根本上看，它依然属于商业保险的范畴。一方面，食品安全责任强制保险采用市场化的运作模式。从我国的既有实践看，食品安全责任强制保险并非由国家专门设立的行政事业单位负责经营，而是由商业保险机构负责经营；在经营模式上，食品安全责任强制保险完全依托市场机制运行，其运营机构必须独立核算、自主经营、自负盈亏，财政对其经营状况不进行任何形式的兜底。另一方面，通过商业保险合同来确定保险当事人的权利义务。从保险法律关系的确立过程看，食品安全责任强制保险与一般的商业保险并无实质性区别，都是先由特定的投保人向保险人提出订立保险合同的申请，待保险人审核通过后，双方签订保险合同，明确各自的保险权利义务。此外，从食品安全责任强制保险的展业、业务经营和管理、保险监管等方面看，均与一般的商业保险大致相同。这充分说明，食品安全责任强制保险在基本特征上显著区别于社会保险，它在性质上依然属于商业保险的范畴。

第二节　食品安全责任强制保险的基本功能

基于责任保险的一般属性和强制责任保险的特殊属性，食品安全责任强制保险的基本功能包括：加强受害第三人保护；提高投保人的食品侵权责任风险管理能力；推动保险业健康发展；以市场化的方式加强食品安全监管。

一、加强受害第三人保护

食品安全责任保险包括任意保险和强制保险两种形式。在一般意义上，食品安全责任任意保险具有直接保护被保险人、间接保护受害第三人的功能。但是，基于自愿投保的原则，如果作为投保人的食品生产经营者缺乏对自身潜在食品安全责任风险的科学预判，或者是出于侥幸心理和过度自信而不愿订立保险合同，任意责任保险的保障功能便无从发挥，受害第三人的保护也将失去可靠保障。而食品安全责任强制保险则通过立法强制的方式，对保险当事人的意思自治和契约自由进行干预，赋予其缔结保险合同的法定义务，确保食品安全责任保险合同得以在特定食品行业和领域内缔结；当发生保险责任范围内的食品安全事故并造成第三人损害时，保险人须在食品安全责任强制保险的责任限额内进行赔偿。这不仅凸显了食品安全责任强制保险加强受害第三人保护的宗旨和目标，而且在客观上也为第三人的利益保护提供了有效保障。

二、提高投保人的食品侵权责任风险管理能力

尽管食品安全责任强制保险的主要功能在于加强受害第三人保护，但其保护被保险人的功能并未因此而消失。对食品生产经营者而言，它是转移、分散、控制食品侵权责任风险，提高财务风险管理能力的有效工具。在食品生产经营的过程中，食品生产经营者必然面临着因食品存在缺陷或不符合特定的安全标准而可能承担民事赔偿责任的不确定性风险。当这一风险成为现实时，食品生产经营者将因此而蒙受损失。而当其投保食品安全责任强制保险后，食品安全责任风险即可以在保险责任限额内全部转移给保险人承担。当发生食品安全事故并导致消费者损害时，保险人将在保险责任限额内承担赔偿责任。这种“人人为我、我为人人”的责任风险分担和管理机制，无疑大大提高了投保人食品侵权责任风险管理的能力，降低了其因食品侵权而可能承担的民事损害赔偿责任风险，增强了其财务的稳定性和可预见性。据此，食品安全责任强制保险是食品生产经营者加强食品侵权责任风险管理和控制财务风险的有效工具。

三、推动保险业健康发展

作为责任保险和保险市场的制度创新，食品安全责任强制保险本身亦

是推动保险业健康发展的重要力量。在衡量一国保险业发展的状况和水平时，保险市场规模和制度创新无疑是重要的评判依据。在食品安全责任保险市场上，由于任意责任保险是以自愿投保为基础的，当保险市场机制不完善乃至失灵时，它对于扩大保险市场规模的作用将较为有限；而对食品安全责任强制保险而言，它是以国家立法为推行基础的，因此，它能在较短的时间内迅速推动责任保险市场规模的扩大。同时，食品安全责任强制保险依托保险市场机制运行，且不以利润最大化为目标，为了避免和降低经营风险，保险人必须积极进行制度创新和产品创新，因此，它也是推动保险制度创新的积极因素。此外，随着食品安全责任强制保险的发展，食品生产经营者和社会公众的保险意识也将得到有效提高，进而带动食品安全责任任意保险的发展。由此可见，食品安全责任强制保险的推行，不仅有利于扩大责任保险市场的规模，而且有利于推动保险制度创新和保险业的健康发展。

四、以市场化的方式加强食品安全监管

食品安全责任强制保险的推行，并不意味着对投保人食品安全监管的淡化或忽视。除却食品安全的行政监管之外，保险人亦将对投保人的食品安全风险进行监督。为了有效降低承保风险，更好维护自身的合法利益，在正式订立食品安全责任强制保险合同之前，保险人必然会对投保人的食品安全责任风险进行评估，以决定是否承保以及承保的条件。一旦发现投保人存在重大食品安全隐患或不符合投保的基本条件，保险人必然会对其提出整改要求，以将自身的承保风险降至最低。与此同时，在食品安全责任强制保险合同的有效期间，保险人亦将不定期地对被保险人的食品安全风险状况进行监督，以加强风险防范，降低食品安全事故的发生率，并将自身的保险赔偿风险降至最低。相应地，食品安全责任强制保险成为了食品安全监管体系的重要组成部分。它通过发挥商业保险的事前防范功能和事中监督功能，并以市场化的方式加强食品安全监管，形成了对食品安全行政监管的有益补充，并使食品安全管理真正朝着食品安全治理的方向发展。

第三节　食品安全责任强制保险的负面效应分析

虽然食品安全责任强制保险具有重要意义和价值，但就目前而言，它在我国的推行依然存在一定争议。相关质疑主要集中在：食品安全责任强制责任保险的推行，可能导致食品生产经营者的逆向激励、影响食品业发展和简政放权、将向消费者进行投保成本转嫁等。对食品安全责任强制保险可能带来的负面效应进行分析，有利于定纷止争，并为其在我国的发展营造良好的外部环境。

一、对食品生产经营者的逆向激励问题

食品安全责任强制保险在为食品生产经营者提供食品侵权责任风险管理手段的同时，亦可能带来投保人的逆向激励问题。持此观点的学者认为，企业在市场中对于经济利益的追求始终大于它的公益考量，一旦有了食品安全责任强制保险，企业很有可能会愈发无视其社会责任，导致更多的食品安全事件或使食品安全存在更大的隐患（沈建华，2014）。

对此，本书认为，食品安全责任强制保险的推行并不会导致这一结果的发生。一方面，在食品安全事故发生后，保险人仅在保险责任限额内承担赔偿责任；对于超出保险责任限额的部分，仍将由侵权人自行承担。而作为强制保险，食品安全责任强制保险的责任限额通常较低，在食品侵权损害后果难以预判的情况下，理性的食品生产经营者不可能因为食品安全责任强制保险的存在而无视食品安全责任风险；更何况，因被保险人故意而导致保险事故发生的，保险人通常都不承担赔偿责任。另一方面，声誉机制、道德、法律、社会责任等，仍将对投保人行为构成强有力的约束。抛开民事损害赔偿责任的因素，食品安全事故的发生必将对企业形象造成严重损害，并对企业正常的生产经营活动造成不利影响，甚至可能造成企业的破产倒闭，因此，在企业经营信息日趋公开透明的情况下，食品安全责任强制保险并不足以成为导致投保人和被保险人盲目自信、侥幸心理或

不法动机的主要因素。而与之相反的是，作为一种市场化的责任风险管理手段，食品安全责任强制保险可以通过特定的制度规则设计，形成对投保人和被保险人的正向激励，促使其不断提高责任风险意识、加强食品安全风险管理、减少和避免食品安全事故的发生，以获得对自身利益最大化的经济社会效果。

二、对食品业发展和简政放权的负面影响问题

在食品业推行食品安全责任强制保险，必将对该行业的发展产生一定影响。对此，有学者认为，食品安全责任强制保险的推行，对企业来说，又增加了一道门槛，与当前的简政放权思路似乎有矛盾；参加保险不仅可能增加企业负担，而且提高了市场准入的门槛（马晓华，2015）。

如果仅就投保将增加企业成本支出而言，食品安全责任强制保险的确可能提高特定食品行业和领域的市场准入门槛，并增加特定食品企业的创业和创新成本。但从根本上看，食品安全责任强制保险是否会导致整个食品业的准入门槛提高，并对食品业发展造成负面影响，仍主要取决于其具体的制度设计。如果食品安全责任强制保险的制度设计得当，其对食品业准入门槛的影响将较为有限，并且从利弊两相权衡的角度看，其对食品业发展所带来的影响未必是弊大于利。对于初创期的食品企业来说，即使其承担了投保食品安全责任强制保险的法定义务，亦不意味着其需要付出高昂的投保成本，因为作为公益性保险，强制责任保险的费率水平通常较低，大幅度增加企业创立成本和创业创新成本的可能性较小。

再从简政放权的角度看，政府简政放权的目的在于进一步转变政府职能，提高政府工作效能，激发企业和市场发展活力。但是，简政放权并不等同于“一放了之”。政府在推动简政放权的同时，必然将“放”“管”“服”有机结合起来，做到放权不放手、监管不缺位、优质服务相配套。而推行食品安全责任强制保险的意义不仅在于加强受害人保护，而且在于转变食品安全监管模式，使更多的主体得以通过市场化的方式参与食品安全监管，因此，该制度的推行本身便是简政放权的重要体现。尽管该制度在形式上表现为“强制”，但却在实质上赋予和保障了市场主体直接参与

特定企业食品安全监管的权利。同时，食品安全责任强制保险的推行，并不能免却政府监管部门的食品安全监管职责，政府仍将对食品安全承担主要的监管责任。此外，食品安全责任强制保险的推行，必将带动食品安全监管制度的重大变革，促使政府进一步简政放权、加强监管和优化服务。据此，食品安全责任强制保险与政府简政放权的思路并不矛盾。

三、对消费者进行投保成本转嫁的问题

另有质疑食品安全责任强制保险的观点认为，对于承担法定投保义务的食品生产经营者而言，当其投保食品安全责任强制保险后，便通过价格传导机制和成本转嫁，将投保所增加的成本和费用支出转由全体消费者共同承担。换言之，推行食品安全责任强制保险将直接增加消费者的食品消费支出，或者说是由消费者以自行买单的方式来增强自身的安全保障。

显然，食品企业的投保成本和费用支出属于其生产经营成本的范畴，最终将通过产品销售而转嫁给消费者承担，这无可避免，也纯属必然。但是，总体上看，这并不会对消费者的食品消费支出造成重大影响。首先，从法理上分析，作为以公益保护为导向的商业保险，强制保险只能将对经济社会及公众利益具有重大风险隐患的主体纳入投保人范围；将其他主体纳入强制投保范围，则缺乏正当性与合理性。由于在风险状况上，不同的食品细分领域和不同的食品生产经营者存在较大差异，因此，在立法上，食品安全责任强制保险的投保人必将被严格限定在特定范围的食品生产经营者上。与之相对应的则是，即使食品安全责任强制保险可能对食品价格造成一定影响，也仅仅局限在特定的食品行业和领域中，导致食品价格水平普遍上涨的情形并不会出现。其次，即使食品安全责任强制保险对特定食品行业和领域的价格水平产生影响，也是微乎其微，甚至可以忽略不计。因为国家在进行食品安全责任强制保险立法时，必须充分考虑其可能对食品生产经营者及社会公众消费支出造成的影响。而基于食品安全责任强制保险的公益性属性，其费率水平必然会被控制在相对较低的、能被社会所广泛接受和承受的合理水平上。据此，虽然食品安全责任强制保险可能导致部分生产经营者的成本费用支出增加和成本转嫁，但并不会对食品

价格总水平及消费者的食品支出造成重大不利影响。

第四节　推行食品安全责任强制保险的基础条件

作为强制责任保险家族的“稀有品种”，食品安全责任强制保险的推行离不开特定的条件。只有在相关条件具备的情况下，食品安全责任强制保险的推行才具有可行性基础。总体上看，食品安全责任强制保险的推行应具备以下基础条件。

一、为特定时期的经济社会发展所必需

归根到底，食品安全责任强制保险是为特定时期的经济社会发展服务的。在不同的发展时期，无论是食品业的发展状况、公共风险管理的模式、受害人救济的理念和路径等，均存在较大差异。如果食品安全责任强制保险不为特定时期的经济社会发展所必需，其制度推行便失去了必要性与合理性。首先，食品安全责任强制保险能在特定时期的社会治理中发挥积极作用。通过推行食品安全责任强制保险，能有效应对和解决特定时期经济社会发展所面临的问题。否则，它将难以得到国家立法的认可和社会公众的认同，其制度的推行也将失去必要性。其次，食品安全责任强制保险是解决特定时期食品安全治理难题的最优选择。面对特定时期的食品安全治理难题，只有通过食品安全责任强制保险，才能有效化解或取得更好的成效。如果通过其他方式，如任意责任保险等，亦能够取得同样的甚至更优的效果，则无须推行食品安全责任强制保险。因为从一国的角度看，其防范和管理食品安全责任风险的方式众多。与其他方式相比，食品安全责任强制保险是对当事人契约自由和财产权的重大干涉，如果非为公共利益保护所必需，不得任意为之。据此，只有当食品安全责任强制保险无法被其他方式所取代而成为经济社会发展所必需时，才有推行的必要性。再次，食品安全责任强制保险必须与特定时期的经济社会发展环境相契合。食品安全责任强制保险的推行，不仅需要具备科学的制度体系，而且需要

具备良好的外部环境。如果食品安全责任强制保险无法与特定时期的经济环境、政治环境、法律环境、社会环境等相契合，其终将因发展环境的不完备而难以成为解决特定时期经济社会发展难题的有效手段。

二、食品安全责任保险的实践和经验积累

实践是检验真理的唯一标准。只有经过实践的检验，才能对食品安全责任强制保险作出客观评价；只有通过实践经验的积累，才能为食品安全责任强制保险的制度构建和全面推行创造有利条件。

由于食品安全责任强制保险是强制保险领域的重大制度创新，为了对其功能和价值进行充分检验，并将可能带来的不利后果控制在较为有限的范围内，国家往往通过“试点”的方式来开展相关实践。在此过程中，各地可以根据本地实际，建立食品安全责任强制保险的基本规则，推行食品安全责任强制保险。在历经一定时间的“试点”后，国家将根据各地的实践情况，建立食品安全责任强制保险的统一规则，并着力推动其立法体系的建立和完善，为该制度的全面推行提供立法保障。

由于我国开展食品安全责任强制保险“试点”的时间较短，进行保险精算和保险定价所需要的基础数据仍非常薄弱，再加上缺乏成熟的经验可资借鉴，如何科学确定其保险费率仍将是一个技术难题（何锦强和孙武军，2016）。此时，食品安全责任任意保险的实践和经验积累显得尤为重要。由于食品安全责任任意保险与强制责任保险具有相同的保险标的，除却法定强制的因素之外，二者无论是在食品安全责任风险的识别、风险评估、风险管理，抑或保险监管上，均具有较强的共通性；同时，在保险费率厘定等技术层面的问题上，前者也能够为后者提供重要的基础数据支持，因此，食品安全责任任意保险的实践和经验积累，亦是推行食品安全责任强制保险的重要基础。

三、政府主导与市场化运作相结合

传统上，社会公益性保险如果不糅合商业性机制与规则，不但无法实

现社会公益，或实现的程度与范围有限，连保险本身的运营和存续都会成为难题（于海纯，2015）。食品安全责任强制保险是国家强制与市场自治相结合的公益性保险，只有把政府主导与市场化运作有机结合起来，才能为其制度的发展创造必要条件。

在食品安全责任强制保险的发展过程中，无论是保险展业、保险规则的制定还是保险制度的实施等，均离不开政府主导作用的发挥；同时，只有确立保险人的市场主体地位，确保其得以依据市场机制不断推动保险产品、保险服务和经营管理创新，才能推动食品安全责任强制保险的健康发展。另外，政府主导与市场化运作相结合还意味着，应着手厘清政府管制与市场自治的边界。保险人在经营商业强制保险业务的同时，国家主动干预当事人之间的法律关系，对保险业务进行“微观调控”，添加了许多非市场化的因素，导致商业性强制保险在保险实务中遭遇各种难题，无法顺利进行，立法的初衷也将难以实现（涂永前和徐静，2013）。虽然政府干预的目的在于确保食品安全责任强制保险的公益性，但在此过程中，如果政府干预不当，不仅可能导致政府与保险人主体地位不清、责任不明，而且可能导致市场机制扭曲、价格机制和竞争规律无从发挥作用，甚至可能使食品安全责任强制保险面临交强险式的经营困境。[①] 据此，厘清政府管制与市场自治的边界，亦是推行食品安全责任强制保险的重要条件。

四、完善的制度规则和立法体系

在依法治国的背景下，食品安全责任强制保险的推行必须以完善的制度规则和立法体系为基础。否则，不仅其制度推行将失去正当性与合法性，而且其制度发展也将失去根本保障。

应当看到，作为新型的强制保险，食品安全责任强制保险制度规则和

---

① 官方数据显示，2006 年 7 月 1 日至 2008 年 12 月 31 日，交强险合计结余 6.9 亿元；2009 ~ 2014 年，交强险经营盈亏情况分别为：亏损 29 亿元、亏损 72 亿元、亏损 92 亿元、亏损 54 亿元、盈利 2 亿元和盈利 16 亿元。从 2006 年 7 月 1 日至 2014 年底，交强险累计亏损 222 亿元。参见交强险连续第二年实现微利 累计亏损仍超 200 亿 [EB/OL]. http://www.chinanews.com/stock/2015/11-07/7611237.shtml, 2015-11-07.

立法体系的构建将是一个循序渐进、反复试错的过程，其制度规则和立法体系的完善不可能一蹴而就。但无论如何，制度推行的法律依据或立法机关的授权，以及在全国或特定区域内统一实施的保险规则依然是不可或缺的。前者彰显了权力机关“法无授权不可为”的基本原则，后者则充分保障了食品安全责任强制保险的形式公平与可操作性。同时，这也有利于将食品安全责任强制保险可能带来的负面影响降至最低。在相关制度规则和立法体系逐步完善的过程中，立法机关必然会对影响食品安全责任强制保险推行的各种因素进行综合考量，并对其所涉及的冲突性利益进行协调与平衡，为该制度的推行创造良好的法制环境。由此可以认为，完善的制度规则和立法体系，是推行食品安全责任强制保险的根本性条件。

第五节 本章小结

作为保险市场重要的制度创新和加强食品安全治理的重要途径，食品安全责任强制保险总是给人以“熟悉而陌生”的感觉。对其基本法理进行分析，不仅能进一步揭示该制度的本质属性，强化对该制度的认识，而且能为其制度构建奠定理论基础。

食品安全责任强制保险是以食品侵权损害赔偿责任为保险标的的强制责任保险。它具有缔约强制与合同内容法定有机统一、以食品侵权损害赔偿责任为保险标的、食品安全监管政策的重要体现、属于商业保险范畴等特征。在制度功能上，食品安全责任强制保险具有加强受害第三人保护、提高投保人的食品侵权责任风险管理能力、推动保险业健康发展、以市场化的方式加强食品安全监管等基本功能。通过对社会关注的负面效应问题进行分析可知，由于受到较低的保险责任限额、声誉机制、道德、法律、社会责任等因素的制约，食品安全责任强制保险的推行不会对食品生产经营者产生逆向激励；如果制度规则设计得当，食品安全责任强制保险的推行不会对食品业发展造成不利影响，同时，食品安全责任强制保险与政府简政放权的思路并不矛盾。对消费者而言，虽然食品安全责任强制保险的推行必然意味着其将承担由企业所转嫁的投保成本和费用支出，但并不会对其食品消费支出造成较大的不利影响。

此外，食品安全责任强制保险的推行应同时具备为特定时期的经济社会发展所必需、食品安全责任保险的实践和经验积累、政府主导与市场化运作相结合、完善的制度规则和立法体系等基础条件。

第三章

我国食品安全责任强制保险的实践检视和反思

放眼世界，无论是发达国家还是发展中国家，均不同程度受到食品安全问题的困扰。为了加强食品安全风险管理，各国纷纷探寻多元化的食品安全治理路径。在此过程中，食品安全责任保险受到众多国家和地区的青睐，并成为加强食品安全治理的重要手段。从我国的情况看，国家不仅通过立法着力推动任意责任保险的发展，而且通过“试点”积极探索和推动食品安全责任强制保险的发展。由于食品安全责任强制保险在我国尚处于发展初期，既未构建形成统一的制度规则，也未建立完善的立法体系，对其发展背景和“试点”情况加以检视和反思，能为其制度构建奠定良好的实践基础。

第一节　我国推行食品安全责任强制保险的背景

随着全球化的深入发展，我国的经济制度与法律制度愈发朝着与国际接轨的方向发展，在此背景下，为何我国独辟路径，在食品安全责任保险管理问题上采取了与绝大多数国家和地区不同的做法？毕竟，对于食品安全责任强制保险，我国仍未形成一致的看法。显然，食品安全风险本身并不足以成为必须推行食品安全责任强制保险的充分理由。对此，有学者指出，强制保险领域的适用与一国的经济、文化和法律背景有着紧密联系（郭峰等，2009）。在食品安全责任强制保险备受我国政府青睐的背后，也必然存在着深层次的原因，只有对其进行深入探析，才能深入理解我国食品安全责任强制保险的特殊背景，进而为该制度的建构和完善奠定基础。对此，本书拟从经济背景、政治背景、法律背景和社会背景等方面展开分析。

一、我国推行食品安全责任强制保险的经济背景

（一）食品安全问题严重阻碍我国食品业的发展

当前，我国决胜全面建成小康社会取得决定性成就，正乘势而上开启全面建设社会主义现代化国家的新征程。在此过程中，食品业的发展有着特殊的重要性。一方面，它是衡量现代化国家的重要指标。经济发展水平是衡量现代化程度的重要指标，在其子系统中，营养结构是重要的衡量因素（贺铿，2003）。随着经济的快速发展和收入水平的提高，人们必然会对食品消费提出新的更高的要求，不仅要求食品的种类更加丰富、口感更加美味、营养更加全面、品质更加卓越，而且要求食品更加具有安全性，更能促进人体健康。相应地，食品业只有在“创新、协调、绿色、开放、共享”的发展理念的引导下，加快发展，才能满足人民日益增长的美好生活需要和食品业不平衡不充分发展之间的矛盾。另一方面，作为维系国计民生的重要产业，食品业已成为推动我国国民经济发展的重要力量。根据国家有关部门公布的数据，2017 年 1～12 月，全国规模以上食品工业企业（不含烟草）累计完成主营业务收入 105204.5 亿元，同比增长 6.6%；农副食品加工业、食品制造业及酒、饮料和精制茶制造业完成工业增加值占全国工业增加值的比重分别为 4.4%、2.1% 及 2.0%，同比分别增长 6.8%、9.1% 及 9.1%。[①] 2018 年，全年食品工业实现主营业务收入 9.02 万亿元，同比增长 5.29%；全国规模以上食品工业企业实现利润总额 6694.4 亿元，按可比口径计算，比上年增长 8.4%。[②] 更为重要的是，当

① 工业和信息化部. 2017 年 1—12 月食品工业运行情况［EB/OL］. http：//www.miit.gov.cn/n1146285/n1146352/n3054355/n3057601/n3057602/c6065827/content.html，2018-02-23.

② 《2018 年度全国食品工业经济运行分析报告》发布 消费市场规模稳步扩大［EB/OL］. http：//news.chinabaogao.com/shipin/201903/032240G952019.html，2019-03-22.

前食品消费水平的提高、消费结构的升级和消费规模的不断扩大，使食品业在我国国民经济发展中占据越来越重要的地位。

然而，食品业的快速发展也带来了食品安全问题。首先，随着食品业投资规模的不断扩大，食品生产经营主体急剧增加，食品业内部呈现出激烈竞争的态势。为了降低经营成本和获得竞争优势，部分食品生产经营者社会责任意识缺失，罔顾法律及道德的约束，违法使用食品添加剂和非食用性工业原料，或者非法生产销售假冒伪劣食品，造成了严重的食品安全问题。其次，随着食品业内部分工的日益精细化，食品生产加工链条不断延伸，食品安全风险的诱发性因素显著增加。这突出表现在：一种食品，从原材料采购，到生产加工完成，再到销售并进入终端消费，中间经历众多环节，只要其中某一环节存在缺陷，就有可能导致食品安全事故的发生。最后，随着科技进步，高新技术逐步在食品业中得到广泛应用。这在推动食品业创新发展的同时，也带来了更多的不确定性因素和风险隐患。当食品安全风险未能得到有效控制时，食品安全事故便有可能发生，食品生产经营者将面临侵权损害赔偿的风险；而一旦发生重大食品安全事故，食品生产经营者可能要承担远远超过其支付能力的赔偿责任，将对其生存造成重大威胁。

食品安全事故的发生也是对整个食品业发展的重大损害。当某一细分行业发生重大食品安全事故时，不仅会对全体消费者的消费心理和消费行为产生重大影响，甚至可能造成整个细分食品行业的萎缩，并对整个细分行业的发展造成长期的和毁灭性的打击。食品安全问题已成为阻碍我国食品业发展的重要因素。只有切实加强食品安全监管，有效解决食品安全问题，才能推动我国食品业健康发展，更好地满足人民对美好生活的向往。

（二）食品安全责任任意保险“供求双冷”

早在1986年，上海市保险公司就已推出我国最早的食品安全责任任意保险“饮食业食物中毒责任保险”（孟杰，2008）。此后，其他省份的保险公司也陆续推出食品安全责任任意保险。但是，这些险种始终未能得到食品生产经营主体的青睐，保险公司也多对其持观望态度，食品安全责任任意保险逐步陷入“供求双冷”的困境中。

食品安全责任任意保险是以保险双方当事人的自由意志和契约自由为基础的，如果当事人缺乏缔约意愿或无法达成缔约的合意，保险合同将无法成立。对食品生产经营主体而言，一方面，其往往对自身的食品侵权责任风险预估不足，致使其缺乏投保食品安全责任任意保险来转移风险的动力；另一方面，由于我国法律责任追究体系不完善，违法成本较低但维权成本高昂，造成了食品生产经营主体普遍的侥幸心理，认为即使发生食品侵权，也可以不承担或少承担损害赔偿责任。在食品生产经营主体风险厌恶程度极低的情况下，市场对食品安全责任任意保险的有效需求严重不足。从保险公司的角度看，其本身并不缺乏经营食品安全责任任意保险的内在激励。毕竟，作为一种新型的保险产品，一旦运营得当，它能够为保险公司创造新的利润增长点。但是，由于食品安全风险的复杂性，要对其进行有效评估和管理，必须付出较高的成本。在投保率较低的情况下，食品安全责任任意保险不仅难以为保险公司带来理想的收益，还会令其承担较高的经营风险。此时，保险公司必然倾向于将保险资源更多地配置在效益更加明显、承保风险更加可控的保险险种上，最终导致食品安全责任任意保险的有效供给不足。

显然，在当前的保险市场环境下，仅靠市场机制并不足以解决我国食品安全责任任意保险“供求双冷”的问题。只有通过国家干预，才能矫正食品安全责任保险市场失灵，恢复保险市场的生机活力，使保险在食品安全风险管理中的作用得到更好的发挥。

（三）食品安全监管体制亟待创新

基于食品生产经营链条上不同环节的差异性和复杂性，长期以来，我国食品安全监管采取了政府多部门“分工负责、统一协调”的监管模式，力图通过对现有行政监管资源的优化配置和重新整合，更好地发挥各部门在食品安全监管中的作用。然而，该模式的弊端也是明显的，它依然难以解决监管职责交叉、模糊，或者监管空白等问题，并且，由于跨部门监管协调的难度较大，无形中降低了食品安全监管的整体效能。为了消除多部门联合监管所带来的问题，完善市场监管体制，推动市场监管综合执法和加强食品安全监管，我国开始探索推行食品安全单一监管模式。根据2018年印发的《深化党和国家机构改革方案》，组建国家市场监督管理总局，统一负责食品安全监管工作。这种模式或许能够在一定程度上消除多部门联合监管模式的弊端，但是，其在实践过程中仍将面临诸多问题，因为，在中国这样一个人口众多、经济发展不均衡、产业集中度较低、社会自治能力较弱的国家，单一机构体系不一定能有效解决多部门监管的所有问题（马英娟，2015）。

总体上看，无论是“分工负责、统一协调”的食品安全监管体制或食品安全单一监管模式，均是以行政权力的分配和运用为核心的监管模式。而在食品安全监管中，行政机关由于受到信息不对称、监管制度缺陷、监管手段滞后、监管资源不足、监管利益权衡等因素的影响，“监管失灵”将难以避免。而社会公众基于对行政机关的信任而形成食品安全信赖，政府对食品安全的信用背书也由此形成：一旦发生食品安全事故，公众自然会将其原因归结为政府监管不力或不作为。因此，只有改变传统的完全依靠政府的食品安全监管模式，推动食品安全监管体制创新，才能有效应对日益复杂多变的食品安全形势，更好地解决食品安全问题。

二、我国推行食品安全责任强制保险的政治背景

（一）食品安全问题严重损害政府公信力

作为公共安全的重要组成部分，食品安全不仅关乎国民的生命健康，更关乎社会的和谐稳定，因此，保障食品安全成了各级政府的重要职责。我国《食品安全法》第六条规定，县级以上地方人民政府对本行政区域的食品安全监督管理工作负责。相应地，每当食品安全事故发生时，社会公众舆论便会自然而然地将其归结为政府监管不力的结果，食品安全问题由此与政府公信力紧密相关。

政府公信力是指政府获得民众信任、拥护和支持的程度。它总是与政府的职能活动紧密相关，是政府职能活动所产生的一种社会结果（刘雪华，2011）。在食品安全问题上，食品安全监管制度的建立与实施、食品安全监管的成效、对重大食品安全事故的处置等，均会对政府公信力产生

重要影响。

政府公信力虽然体现为人民对政府的信任度，但是，其公信力的源泉却并不在于人民，也不在于媒体和舆论，而是取决于政府自身的作为（桑玉成和马天航，2015）。在党领导人民实现中华民族伟大复兴的中国梦的征程中，人们有理由期盼更加安全的食品和更加美好的生活，也必将对食品安全提出新的更高的要求。对此，各级政府唯有不断加强食品安全监管能力建设，着力提高食品安全监管绩效，方能有效应对食品安全问题，展现“责任政府”应有的公信力。

（二）政府职能转变对食品安全监管提出了新要求

政府职能是指国家行政系统根据国家和社会发展的需要，依法承担的职责和功能（王浦劬，2015）。它是国家行政管理体制的重要组成部分，集中反映了政府的角色定位，政府职能转变是联结经济体制改革、行政体制改革和政治体制改革的关键一环（应松年和杨伟东，2006）。通过政府职能转变，有利于进一步厘清政府、市场、社会的关系，使政府的职能和权力配置更加合理，并充分激发市场活力和社会创造力，推进国家治理体系和治理能力的现代化。

政府职能转变也对我国的食品安全监管提出了新的要求。一方面，政府职能转变对食品安全监管的绩效提出了更高的要求。政府职能转变的目的在于通过优化配置各种社会治理资源，更好发挥政府的作用，并以此提高国家治理的水平和能力，取得更好的治理效果。因此，就食品安全监管而言，政府职能转变没有弱化政府在食品安全监管中的职责，反而对食品安全监管的绩效提出了更高的要求。另一方面，政府职能转变对政府履行食品安全监管职能的方式提出了新的要求。食品生产经营主体的数量极其庞大、地域分布非常分散，再加上食品安全问题的复杂性和多样性，如果忽视了市场和社会主体的作用而完全依赖于行政监管，必然难以取得较好的治理效果。就食品安全监管而言，政府职能转变的根本在于严格界定政府食品安全监管的职能和权力行使的范围，并通过正确处理政府与市场、政府与社会的关系，最终实现对食品安全的有效监管。相应地，政府职能转变意味着政府不仅应在食品安全监管中继续发挥主导和引领

作用，而且应高度重视市场和社会主体的作用，并推动食品安全监管朝着食品安全治理的方向转变。而这一目标的实现离不开一定的抓手。只有通过制度建设，重塑食品安全监管中的政府与市场、政府与社会的关系，才能推动政府食品安全监管职能转变，不断提高政府食品安全监管的能力。

三、我国推行食品安全责任强制保险的法律背景

近年来，我国不断完善立法，构建形成了由《中华人民共和国民法典》《中华人民共和国消费者权益保护法》《中华人民共和国食品安全法》《中华人民共和国产品质量法》等法律组成的食品侵权法律体系。但是，当食品安全事故发生时，受害人却往往只能通过诉讼的方式进行维权，因为侵权人常常会以各种理由搪塞、推诿，或直接拒绝受害人的赔偿请求，协商、调解、仲裁等纠纷解决方式均难以发挥作用。而受维权成本高昂、举证困难等因素影响，再加上侵权人往往缺乏足够的损害赔偿能力，诉讼并不足以为受害人提供及时救济。

首先，作为分散和单个的消费者，受害人在进行诉讼时需要付出高昂的诉讼成本。一方面，诉讼维权往往需要耗费当事人较多的时间和精力。在食品侵权的民事诉讼中，即使是适用简易程序进行审理，审结期也可长达三个月；如果当事人不服一审判决上诉的，还可能经历三个月甚至更长时间的二审期；如果适用普通程序审理的，则可能经历更长的审结期。这意味着，即使受害人能够最终胜诉，也无法在较短的时间内获得人身损害所必须的及时救济。另一方面，对受害人而言，诉讼本身即意味着一定的费用支出。受害人在申请立案时，必须根据诉讼标的的金额预交诉讼费；如果由受害人提出对诉争食品进行检测，或对人身损害的成因进行司法鉴定的，还可能需要垫付检测费或鉴定费。此外，出于维权的需要，受害人还可能需要垫付律师费、交通费、误工费等费用。这无疑进一步加重了受害人的经济负担。

其次，在诉讼过程中，受害人还可能面临举证困难的困境。当前，我国立法对食品生产者采用了严格责任的归责原则，对食品销售者采用了以

过错责任为主、严格责任为辅的二元归责原则。[①] 尽管这一模式加重了食品生产者和销售者的责任，但受害人举证难的问题依然存在。根据《最高人民法院关于审理食品药品纠纷案件适用法律若干问题的规定》，消费者举证证明因食用食品受到损害，初步证明损害与食用食品存在因果关系，并请求食品生产者、销售者承担侵权责任的，人民法院应予支持，但食品生产者、销售者能证明损害不是因产品不符合质量标准造成的除外。换言之，在食品侵权诉讼中，受害人须承担以下证明责任。一是证明其食用了特定主体生产或销售的食品。其证据形式主要是发票、收据等消费凭证。如果受害人未向食品生产者或销售者索要消费凭证，或因疏于保管而遗失，且无法通过其他证据证明其购买或消费食品的事实，则难以得到法院的支持。二是证明其遭受了人身损害。证明该事实的难度并不大，受害人只需向法院提供其就医的相关凭证即可。三是证明食用食品与损害后果之间存在因果关系。尽管受害人并不承担特定食品是否符合质量标准的证明责任，但需要证明特定食品是导致其人身损害的直接原因。客观上，人身损害的发生，既可能源于食源性的因素，也可能源于非食源性的因素，或者是多种因素混合作用的结果。如果受害人不能通过医疗机构或司法鉴定机构及时锁定证据，将难以证明特定食品是导致其人身损害的直接原因。同时，食品侵权损害往往具有长期性和隐蔽性的特点。在许多食品安全事故中，受害人所受到的人身损害往往需要经过一定的潜伏期才逐渐显现。这也为多种食品、多种因素单独或共同致害提供了可能，并使食品侵权损害呈现出“一因一果”和“多因一果”并存的特点。这也意味着，在损害发生前为受害人提供食品的任何主体皆有可能成为侵权责任人。对受害人而言，要将自身所受损害与特定食品生产经营者相联系存在较大困难，被告也往往会以此为理由进行抗辩。由此，与一般侵权相比，食品侵权的因果关系认定更加复杂，受害人举证和胜诉的难度也更大。

最后，在食品侵权诉讼中，受害人还可能面临侵权人赔偿能力不足的

---

① 张新宝（2006）认为，无过错责任原则适用于生产者和销售者的直接责任，以及生产者的最终责任；过错责任适用于销售者的最终责任。

问题。随着法律日益重视对公民人身权益的保护，人身损害赔偿的项目不断增加，不仅包括医疗费、护理费、交通费、误工费等，还包括精神损害赔偿、惩罚性赔偿等项目；同时，人身损害赔偿的标准也随着经济发展和居民可支配收入的增加而不断提高，再加上受害人数量众多，在食品安全事故中，侵权人通常要承担数额较高的损害赔偿责任。食品安全事故发生后，侵权人正常的生产经营必然受到严重影响，资产状况也将趋于恶化，甚至可能因此而陷入资不抵债和破产倒闭的境地。如果侵权人为企业法人，仅以其全部财产为限承担有限责任；即使侵权人系非企业法人，也往往缺乏承担全部赔偿责任的能力。而从食品侵权之债的性质看，仍属于普通债权的范畴，其并不享有优先于其他债权受偿的地位。因此，在食品安全事故中，受害人往往很难获得及时有效的救济。

此外，在食品安全事故中，责任人不仅需要承担侵权损害赔偿责任，还可能面临罚款、罚金等行政责任和刑事责任。在多种财产性责任并存的情况下，如果责任人缺乏足够的支付能力，侵权损害赔偿责任的承担亦可能受到其他责任形式的影响。尽管我国在立法上已确立了“民事赔偿优先”的原则，但是，在司法实践中，由于不同责任追究机制在时间和效率上的差异，该原则能否实现具有较大的不确定性。基于行政责任和刑事责任追究机制和处罚机制的高效性，以及确定民事赔偿责任的复杂性，民事赔偿优先原则往往难以得到落实（徐海燕，2013）。在食品安全事故中，由于受害人数量较多，且损害发生的时间和各自提起诉讼的时间不一，增加了民事诉讼程序的复杂性，再加上因果关系认定困难、损害赔偿处理拖沓等原因，最终导致了食品侵权损害赔偿处理的旷日持久。而与之相比，食品生产经营主体的行政责任和刑事责任均由代表公权力的国家机关负责追究，无论是调查取证、责任认定或执行，均可以高效迅捷地进行，再加上违法主体单一、明确，完成整个责任追究过程的时间往往更短。在食品生产经营主体支付能力不足且先行支付罚款、罚金的情况下，司法程序对受害人的救济力度将进一步降低。

四、我国推行食品安全责任强制保险的社会背景

中国特色社会主义市场经济的发展，不仅提高了人们的物质生活水

平，而且深刻改变了人们的思想意识和价值观念。在此过程中，各类社会组织获得了快速发展。在一些政府不能做、不愿做或做不好的领域，社会组织可以利用其资源优势和社会权利，有效弥补政府留下的空白；同时，它们可以在表达公民利益诉求、维护公民权利、服务国家和社会、监督和制约国家权力等方面发挥积极作用（郭道晖，2006）。在此背景下，党和政府高度重视全民共建共享的社会治理格局的构建，并通过多种途径和方式，为公民参与经济和社会事务管理创造有利条件。在国家的鼓励、支持和社会组织的示范效应下，民众的权利意识和参与意识不断得到提升，其对待食品安全问题的态度也发生了深刻变化。一方面，为了维护自身的食品安全利益，其参与食品安全治理的愿望更加强烈；另一方面，迫切希望政府能为其参与食品安全治理创造必要条件。顺应这一趋势和变化，近年来，国家不断出台政策，推动建立由政府、市场、社会等多元主体组成的食品安全治理新格局。

包括相对强势的政府在内，没有哪个社会主体拥有足够的资源与能力，可以独自包揽一切公共事务、解决一切公共问题（史云贵和欧晴，2013）。食品安全合作共治旨在通过发挥政府、市场、社会等相关主体的资源禀赋和优势并形成合力，最终达到加强食品安全治理、更好实现相关主体利益诉求的目标。在此过程中，政府、市场、社会之间的协作与配合离不开一定的机制和条件。因此，从政府的角度，应着力营造食品安全合作共治的社会氛围，并通过相关机制和制度建设为相关主体参与食品安全治理创造必要条件，使其得以成为有责、有能和有为的食品安全治理主体。而食品安全责任强制保险，则可以成为多元主体共同参与食品安全合作共治的重要平台。

第二节　我国食品安全责任强制保险的实践检视

为了探索建立食品安全责任强制保险制度，2012 年 6 月 23 日，国务院出台了《关于加强食品安全工作的决定》，并提出“积极开展食品安全责任强制保险制度试点”。我国食品安全责任强制保险的实践由此开启。

此后，国务院陆续出台了《2013 年食品安全重点工作安排》《2014 年食品安全重点工作安排》《关于加快发展现代保险服务业的若干意见》等重要文件，推动食品安全责任强制保险“试点”的发展。

一、食品安全责任强制保险“试点”的总体状况

以《食品安全法》（2015 年修正）开始实施作为分水岭，可以将我国食品安全责任强制保险“试点”划分为两个阶段：一是食品安全责任强制保险的着力推广期，该阶段自 2012 年 6 月 23 日开始，至 2015 年 9 月 30 日《食品安全法》（2015 年修正）实施前夕为止；二是食品安全责任强制保险的继续探索期，该阶段始于 2015 年 10 月 1 日《食品安全法》（2015 年修正）开始实施时，至今仍在继续。

（一）食品安全责任强制保险的着力推广期

在国务院相关文件精神的指引下，上海、浙江、福建、江西、湖南、山东、湖北、内蒙古、河北等地纷纷出台地方性文件，推动食品安全责任强制保险“试点”在本地的开展，研究建立食品安全责任强制保险制度。此后，在各级地方政府的大力推动下，食品安全责任强制保险在较短的时间内获得了快速发展。例如，湖南省政府出台了《关于开展食品安全责任强制保险试点工作的指导意见》，在全省范围内开展食品安全责任强制保险“试点”。从 2014 年 8 月 1 日到 2014 年底，湖南省在所有州市的食品生产经营企业、学校食堂、餐饮等三大行业开展了食品安全责任强制保险“试点”，共计 1300 多家单位签订了食品安全责任强制保险合同，其中，单位食堂近 900 家，食品生产企业 400 多家，餐饮企业 50 多家；通过在中小学食堂开展食品安全责任强制保险“试点”，为 100 多万名中小学生提供了食品安全风险保障。[①] 截至 2014 年底，湖南省食品安全责任强制保险“试点”已在长沙、怀化、株洲、常德、张家界、衡阳、娄底、郴州等主

---

① 刘正旭．湖南省保险业贯彻落实“新国十条”、“省七条”专题报道［EB/OL］．http：//roll. sohu. com/20150708/n416354839. shtml，2015 - 07 - 08．

要城市的重点食品行业和重点食品领域全面开展，实现了对本地食品生产、流通、餐饮等主要环节的全面覆盖。此外，在上海、山东、内蒙古等地，食品安全责任强制保险“试点”也在重点食品行业和领域全面开展。

在此阶段，不仅地方政府高度重视食品安全责任强制保险“试点”的开展，保险公司也对食品安全责任强制保险呈现出浓厚的兴趣，除了积极参与地方政府所倡导和推动的“试点”外，部分保险公司甚至成了推动当地食品安全责任强制保险“试点”开展的主要力量。例如，自国务院于2012年6月23日印发《关于加强食品安全工作的决定》后，长安责任保险公司山东省分公司即把食品安全责任保险作为公司经营的重点工作和特色工作，并成立了专门的业务推广小组，选择潍坊青州市、济宁市中区和济南市作为推广试点，并推动当地政府将食品安全责任保险列为关爱民生的重点工程，分别发文强制推行。在其积极推动下，潍坊青州市成为全国首个推行食品安全责任强制保险的县级市。[①] 截至2014年底，山东省已有长安责任保险公司、太平洋财产保险公司、中华联合保险公司等多家保险公司参与食品安全责任强制保险的承保工作，食品安全责任强制保险已成为众多保险公司重点关注的新业务。

（二）食品安全责任强制保险的继续探索期

随着《食品安全法》（2015年修正）的实施，各地正在开展的食品安全责任强制保险“试点”也受到了一定程度的影响。这具体表现在以下几个方面。其一，在《食品安全法》（2015年修正）实施后，各地新出台的食品安全责任保险文件逐渐淡化了“强制”的色彩，增加了“鼓励”的味道。随着法律和政策的调整，一些地方政府也将关注的目光从食品安全责任强制保险转向任意责任保险，开始着力推动食品安全责任任意保险的发展。其二，对于正在开展的食品安全责任强制保险“试点”，虽然并未因法律的变动而终止，但其推广的速度极为缓慢，许多地方仅维持在已经实施的范围之内。另外，受我国现实的食品安全治理环境和任意责任保险市

---

① 中国保监会山东监管局．山东食品安全责任保险努力保障食品安全［EB/OL］．http：//shandong. circ. gov. cn/web/site30/tab7530/info3920870. htm，2014－07－09.

场环境的影响，各地对食品安全责任强制保险仍有着现实需求。毕竟，如果缺乏必要的投保激励和约束，《食品安全法》（2015 年修正）“鼓励投保”的愿景将难以实现。由此，如何在新的法治环境下继续推动食品安全责任强制保险发展，便成为了本阶段的重要内容。

为了有效应对法律修订所带来的影响，并切实解决食品安全责任任意保险市场失灵的问题，一些地方从本地实际出发，积极探索推动食品安全责任强制保险发展的新路径。其中，尤以上海市的实践最具有代表性。为了有效应对任意责任保险市场失灵，更好地发挥保险在地方食品安全治理中的作用，在《食品安全法》（2015 年修正）颁布实施后，上海市继续以国务院的相关文件及本市的政策性文件为根据，在本市的重点食品行业和领域开展食品安全责任保险“试点”；同时，通过制定地方性法规，赋予高风险食品生产经营企业投保食品安全责任保险的法定义务，并借助行政、市场等手段，将投保与诚信体系、“黑名单”、市场准入等有机结合起来，促使高风险和重点食品生产经营企业主动履行投保义务。例如，2017 年 3 月 20 日正式施行的《上海市食品安全条例》第六十八条规定：“鼓励食品生产经营者参加食品安全责任保险。高风险食品生产经营企业应当根据防范食品安全风险的需要，主动投保食品安全责任保险。”这一规定赋予了高风险食品生产经营者投保食品安全责任保险的义务，并以条例和“类强制”的方式确保了食品安全责任强制保险在特定食品领域的有效推行。在此基础上，上海市明确提出，将继续探索食品安全责任保险，重点领域先行试点，逐步推进强制保险。① 此外，2015 年 5 月，宁波市鄞州区推出了全国首个政府推动、财政全额出资的食品安全责任保险“试点”，并由专门设立的保险运营服务中心独立运营，负责投保单位风险评估排查、费率厘定和保险理赔工作，确保食品安全责任保险在食品安全治理中的作用得到有效发挥。②

这也充分说明，法律的修订并未从根本上否定食品安全责任强制保险，其依然是我国应对食品安全责任风险的重要选择。尽管当前因立法的

① 徐妍斐. 上海将逐步推进食品安全强制保险［N］. 新闻晨报，2017－10－21.

② 全国首个区域性食品安全责任险落地鄞州［N］. 宁波民生 e 点通，2015－05－14.

原因，强制责任保险的推行仍面临诸多问题，但随着各地实践和探索的深入进行，食品安全责任强制保险将迎来新的发展机遇，并将在我国的食品安全治理中发挥更加重要的作用。

二、食品安全责任强制保险“试点”的共性特征

（一）主要针对高危及重点食品企业开展“试点”

由于地方政府对食品安全责任强制保险尚缺乏足够的理解和认识，如果冒然在食品行业中全面推广，可能对当事人利益造成严重的不利影响，因此，为了谨慎起见，试点地区均未在食品业中全面推广食品安全责任强制保险，而主要将“试点”集中在本地的高危及重点食品企业上。例如，在湖南省开展的食品安全责任强制保险“试点”中，重点参保对象是餐饮服务连锁企业、学校食堂、农村集体聚餐提供者等7类高风险食品生产经营企业。[①] 上海则根据国务院开展食品安全责任强制保险“试点”的文件精神，提出“在涉及公众利益的食品安全等领域探索开展强制责任保险试点”，并以地方性法规的形式规定了高风险食品企业的投保义务，将婴幼儿配方食品、食用植物油、集体用餐配送膳食等11类高风险食品生产经营企业纳入投保范围。[②] 将“试点”集中在高风险和重点食品生产经营企业，不仅有利于加强对本地重大食品安全风险的管理，而且能够有效控制强制投保的主体范围，降低食品安全责任强制保险推行的难度，并能够取得更加良好的社会影响和效果。

（二）采取政府主导与市场化运作相结合的模式

作为新型的商业强制保险，食品安全责任强制保险的发展离不开政府的积极推动。在各地所开展的“试点”工作中，地方政府往往同时充当了组织者、引导者和管理者的角色。首先，为了将国务院开展食品安全责任

① 参见湖南省《关于开展食品安全责任强制保险试点工作的指导意见》。

② 涂颖浩．现行食品安全责任保险不足 专家：建议以类强制保险为抓手全面推进［EB/OL］．http：//www.nbd.com.cn/articles/2017－10－22/1155676.html，2017－10－22.

强制保险“试点”的精神落到实处，地方政府往往从本地实际出发，出台开展“试点”的政策性文件，推动“试点”工作的开展。其次，以政府为主导，并与当地的保险公司密切合作，开展食品安全责任强制保险“试点”的宣传和推广工作，为“试点”营造良好的社会氛围，并组织本地食品生产经营企业投保食品安全责任强制保险。例如，2014 年 12 月 10 日，长沙市政府召开了“全市食品安全责任强制保险试点工作会议”，并由中国人民财产保险湖南省分公司与 38 家试点企业和学校当场签署保险合同。[①] 再次，为了彰显食品安全责任强制保险的公益性，在合同条款的制定过程中，地方政府发挥了重要的引导和管理作用。此外，地方政府在积极推动本地“试点”开展的同时，也高度重视食品安全责任强制保险的市场化运作问题。虽然各地均未对政府权力行使的边界作出明确界定，但当食品安全责任强制保险的承保机构及保险条款确定后，地方政府通常将纯属保险经营范围内的事务交由保险公司处理，较少对其业务经营进行干涉。对保险承保机构而言，则需要对食品安全责任强制保险的经营活动自担风险、自负盈亏。

（三）主要以政府指定的方式确定保险承保机构

由于“试点”所涉及的食品生产经营主体数量有限，再加上食品安全责任强制保险的公益性属性，保险公司参与“试点”将很难获得良好的经济效益。为了确保“试点”的顺利开展，地方政府通常根据一定的条件和标准，直接指定食品安全责任强制保险的承保机构。例如，湖南省在开展“试点”时，由政府直接指定综合实力突出、赔偿能力充足、机构网点分布较广的中国人民财产保险湖南省分公司作为食品安全责任强制保险的承保机构。[②] 在济南，市政府食品安全工作办公室直接指定太平洋财产保险公司和长安责任保险公司作为食品安全责任强制保险的承保机构。[③] 总体上看，尽管个别地方政府会根据开展“试点”工作的统筹安排和实际需要，允许具备一定条件和能力的保险公司自愿申请成为食品安全责任强制

① 张莹．长沙正式启动食品安全责任强制保险试点［N］．潇湘晨报，2014－12－11．

② 参见湖南省《关于开展食品安全责任强制保险试点工作的指导意见》。

③ 贺燕．济南试点食品安全责任强制保险将全市覆盖［N］．济南时报，2013－08－17．

保险的承保机构，但为了确保食品安全责任强制保险“试点”的顺利开展，各地对保险承保机构的选择仍主要以政府指定为主。

（四）鼓励开展食品安全责任强制保险产品创新

由于各地在食品安全风险及食品安全治理的现实需要上存在较大差异，如果采取单一的食品安全责任强制保险产品，必然难以取得理想的效果。为此，在“试点”过程中，地方政府总是鼓励和支持保险承保机构进行产品创新。保险公司则根据本地食品安全风险的主要特点，有针对性地开发符合本地实际的食品安全责任强制保险产品。例如，湖南省在《关于开展食品安全责任强制保险试点工作的指导意见》中提出，“鼓励食品安全责任强制保险的承保机构以契合市场需求为导向，以简便操作可行为原则，积极开发食品安全责任强制保险的专属保险产品和创新产品。”作为保险承保机构的中国人民财产保险湖南省分公司，则针对本地食品生产、流通、餐饮业等三大食品行业，分别开发设计了具有针对性的食品安全责任强制保险产品，较好地满足了食品企业加强食品安全风险管理的现实需要。

三、我国食品安全责任强制保险发展面临的问题

从“试点”的情况看，我国食品安全责任强制保险发展仍面临着上位法依据不足、部分规则缺乏合理性、保险主体利益保护的规则不完善、缺乏关于法律责任的规定等问题。

（一）上位法依据不足

当前，我国尚未对强制保险进行专门立法。《中华人民共和国保险法》第十一条第二款规定：“除法律、行政法规规定必须保险的外，保险合同自愿订立”；第一百八十四条第二款规定：“强制保险，法律、行政法规另有规定的，适用其规定”。由此，只有取得法律或行政法规的依据，方可推行食品安全责任强制保险。由于食品安全责任强制保险并未被2015年修订的《食品安全法》所确认，其制度的推行明显缺乏法律层面的依据。而

从我国开展食品安全责任强制保险“试点”所依据的法律文件看，主要包括国务院印发的《关于加强食品安全工作的决定》《2013 年食品安全重点工作安排》《2014 年食品安全重点工作安排》《关于加快发展现代保险服务业的若干意见》，以及各地为开展食品安全责任强制保险“试点”而出台的地方政策性文件。这些文件在性质上均不属于行政法规的范畴，且均存在法律效力较低的问题，难以为食品安全责任强制保险的推行提供足够的法律依据。

有学者认为，《食品安全法》（2015 年修正）的实施，意味着食品安全责任强制保险在我国已经失去了法律依据，至少从目前看已丧失了实施的可行性（卢玮，2015）。还有学者认为，国务院以决定的方式要求各地积极开展食品安全责任强制保险“试点”，存在合法性的疑问（张恩典，2016）。当然，也有学者对此持不同看法，认为《食品安全法》的修订较为频繁，不应理解为法律对食品安全责任强制保险的否定，只应理解为其强制性的淡化，或者说其立法在目前尚未做到一步到位（于海纯，2015）。对此，本书认为，由于我国尚缺乏进行食品安全责任强制保险立法的环境和条件，因此，其立法必然是一个循序渐进的过程。但不可否认的事实是，仅就目前而言，其制度的推行依然面临上位法依据不足的问题。

（二）部分保险规则缺乏合理性

从各地食品安全责任强制保险所适用的规则看，仍存在一些不合理之处。这主要表现在以下两个方面。其一，未能充分考虑受害人众多时的保险赔偿模式及受害人及时救济问题。例如，从湖南省所采用的食品安全责任强制保险规则看，虽然对每年的累计赔偿金额、每次事故的赔付限额、对单一受害人的赔付限额等予以了明确，但是，其并未充分考虑受害人众多、单一受害人赔偿数额巨大的重大食品安全事故的赔偿处理问题。同时，根据其保险规则的规定，部分损害赔偿项目须经过法院判决方能进行保险赔偿。这无疑大大降低了对受害人进行救济的效率，不利于实现食品安全责任强制保险的制度宗旨。其二，强制投保范围的确定缺乏合理性。在食品安全责任强制保险“试点”过程中，地方政府往往只将强制投保范围确定为特定的食品行业和领域，未对其中所涉及的主体进行具体区分。

这也导致了在同一食品行业和领域中，任何生产经营主体均承担投保食品安全责任强制保险的义务，或者是承担投保义务的主体完全取决于相关政府部门的主观判断和取舍。这对于生产经营规模较小、社会影响力较低、食品安全风险程度不大的食品生产经营主体而言，明显缺乏合理性。

（三）保险主体利益保护的规则不完善

总体上看，无论是国务院印发的决定、意见、工作安排，或地方出台的各种规范性文件，关于食品安全责任强制保险的规定均较为简单，且在内容上极其原则和抽象，缺乏可操作性。从保险主体利益保护的角度看，既有的食品安全责任强制保险规则主要存在以下三点不足之处。

其一，关于受害人保护的规则不完善。各地在推行食品安全责任强制保险的过程中，确立了加强受害人保护的基本原则，并通过有利于受害人保护的规则设计，初步建立了加强受害人保护的保险规则，彰显了食品安全责任强制保险的公益性。但是，由于总体上缺乏关于受害人基本权利的规定，当保险责任范围内的食品安全事故发生并造成受害人损害时，受害人将无法直接通过保险人获得保险赔偿，而只能向被保险人主张权利，或被动地等待保险人履行赔偿责任。这无疑增加了受害人获得及时救济的难度。

其二，关于保险当事人权利义务的规定不完善。从各地“试点”的情况看，均未建立完善的保险当事人权利义务规则。这也导致保险当事人在订立食品安全责任强制保险合同时，只能以任意责任保险的一般规则为参照，对双方的权利义务作出约定。这不仅未能凸显食品安全责任强制保险的本质属性和特征，而且可能产生对投保人或第三人不利的后果。同时，由于未能明确当事人在食品安全责任强制保险合同变更、转让、解除中的权利义务，难以有效应对实践中出现的诸多问题。

其三，缺乏关于保险人利益保护的规则。从各级政府出台的文件及各地食品安全责任强制保险的实践看，其更多地着眼于受害人利益保护，而忽视了对保险人利益的保护。作为公益性保险，食品安全责任强制保险理应以受害人保护为中心，这本无可厚非，但是，由于食品安全责任强制保险不以利润最大化为目标，再加上在其发展初期，无论是保险参保率、经

营成本控制、保险市场环境等，均具有较大的不确定性。而在政府指定保险人的情况下，保险人只能被动地承担食品安全责任强制保险所带来的风险。此时，如果缺乏必要的保险人利益保护规则，将可能导致政府权力与市场权利失衡，产生对保险人极不公平的结果，并对食品安全责任强制保险发展造成不利影响。

（四）缺乏关于法律责任的规定

法律制度如果缺乏可强制实施的惩罚手段，就会被证明无力限制非合作的和反社会的因素，也就不能实现其维持社会秩序和正义的基本职能（E. 博登海默，1999）。虽然食品安全责任强制保险可以通过其法定强制性对保险当事人的契约自由和缔约内容进行限制，但是，如果缺乏关于法律责任的规定，其所确定的公益性目标依然难以实现。因为在缺乏必要的惩罚手段的情况下，仅凭保险当事人的理性、自律、良心，并不足以保证法律制度所确定目标的实现。而法律的惩罚手段集中体现为法律责任，即通过法律责任的追究，使责任主体对国家、社会或他人承担一定的否定性法律后果。据此，法律责任本身即是实现食品安全责任强制保险制度目标的重要保障。通过明确相关主体违反食品安全责任强制保险规则时的法律责任，有利于约束其行为，维护正常的保险市场秩序，推动食品安全责任强制保险的健康发展；同时也有利于约束地方政府行为，防止其滥用行政权力，对食品安全责任强制保险发展进行过度干涉和不当干涉。但是，从各地“试点”中所形成的食品安全责任强制保险规则看，均未对相关法律责任作出明确规定。

第三节　对我国食品安全责任强制保险实践的反思

一、关于食品安全责任强制保险中的管制和自治问题

强制责任保险是管制和自治相结合的一种形式，国家通过管制手段的运用，强制食品生产经营者投保责任保险，同时留给保险当事人一定的自

治空间，继而推动食品安全有效监管的实现（涂永前和徐静，2012）。但问题的关键在于，如何确定国家管制与市场自治的边界？如果不对其予以厘清，不仅会导致政府与市场的角色定位不清、责任边界模糊、政府职能越位和错位，而且将阻碍市场机制作用的发挥，并可能导致政府权力寻租等问题的出现。

从食品安全责任强制保险"试点"的情况看，地方政府对食品安全责任强制保险的干预仍具有一定的随意性。其主要原因在于，食品安全责任强制保险本身即是政府干预自由市场的重要形式，在立法尚未完善的情况下，地方政府出于迅速推广食品安全责任强制保险的目的，往往倾向于沿用传统的行政管制思维，对食品安全责任强制保险进行任意干涉。虽然强制责任保险是对当事人契约自由的重大限制，但由于其旨在加强社会公共利益保护，因此具有正当性。而与之相对应的则是，国家对商业保险的干预，其目的只能是加强社会公共利益保护；如果偏离了这一目的，国家干预便失去了正当性基础。在食品安全责任强制保险中，对社会公共利益的保护集中体现为对受害第三人的保护，因此，国家对食品安全责任强制保险进行干预，应当始终立足于受害第三人保护的客观需要。如果在特定情形中，仅靠市场机制作用即可实现保护第三人的目的，则国家不应进行干预。另外，基于强制责任保险仅提供基本保障的特征，同时也为了合理兼顾其他保险主体的利益，国家干预应体现在确保第三人能够获得基本的保险保障上。据此，"受害人基本保险保障所必须"应成为食品安全责任强制保险国家管制与市场自治的界分标准。

与此同时，国家管制与市场自治并非截然分开的。从二者的关系看，市场在资源配置中起决定性作用与更好发挥政府作用是有机统一的，而非相互否定的。无论是国家管制或市场自治，其核心要义均在于利益保护的客观需要。法律强制并不等同于对市场主体的完全限制，法律所追求的最终目的是自由，而一定程度的限制是实现自由的手段（高红梅，2014）。国家管制的目的在于通过对市场主体的行为施以必要限制，更好地保护受害人的利益；而市场自治的目的则在于通过赋予保险当事人必要的自主权，使市场机制作用得到更好的发挥，使市场主体能够在法律的框架内更好地实现自身的利益诉求。据此，利益平衡应当成为协调和处理食品安全

责任强制保险中的国家管制和市场自治关系的基本理念。只有正确处理食品安全责任强制保险中的权力、权利和义务关系，才能在加强受害人保护的同时，合理兼顾其他主体的利益，进而更好地推动食品安全责任强制保险的健康发展。

二、关于食品安全责任强制保险“先实践后完善立法”问题

总体上看，我国食品安全责任强制保险“试点”是在立法依据不足、制度规则不完善的情况下开展的，其目的在于通过实践积累经验，待时机成熟时再逐步完善立法。显然，食品安全责任强制保险采取了“先实践后完善立法”的发展模式。尽管其契合立法的客观规律，具有必要性与合理性，但与其他制度创新和实践探索不同的是，当前立法已对强制责任保险的推行条件作出了明确规定，即必须有法律和行政法规的依据。那么，在依法治国的背景下，应当如何看待食品安全责任强制保险“先实践后完善立法”的发展模式？

从根本上看，“先实践后完善立法”问题的本质在于如何处理制度创新与法律制度限制之间的矛盾，或者说，应如何看待制度创新的形式合法性问题。随着我国经济社会加速转型升级，公共安全风险的重大性和不可预测性特征将更加突出，而强制责任保险则是国家应对这一重大挑战的有效手段。然而，强制责任保险的制度创新必然伴随着风险，甚至可能对部分社会主体的利益造成不利影响。为了将可能产生的风险和负面影响降至最低，通常认为，制度创新应当在法律的框架内进行，或者应当取得法律或权力机关的授权。由于《中华人民共和国保险法》（以下简称《保险法》）第十　条第二款规定的存在，再加上相关立法的滞后性，食品安全责任强制保险的推行必然与现行法律规范产生冲突，形成形式合法性瑕疵。但是应当看到，作为有权制定行政法规和推行强制责任保险的国家机关，国务院已多次通过决定、意见、工作安排等方式，清晰表明其推动食品安全责任强制保险发展的意图，而在客观上，行政法规的制定离不开实践经验的积累和立法条件的创造。在此意义上，尽管食品安全责任强制保险“先实践后完善立法”的模式存在一定的形式合法性瑕疵，但“完全不

允许突破形式规范的界限，会大大减缓甚至阻碍‘试点’的推行，甚至可能抑制一个社会的活力”（苏宇，2010）。由于食品安全责任强制保险“试点”仅在极其有限的范围内开展，即使其在一定程度上突破了既有法律规范的界限，也通常不会超出社会可承受的范围，更不会对当事人利益造成重大损害。关于这一点，已从各地的“试点”中得到证实。在我国食品安全责任强制保险既缺乏实践经验，又缺乏成功模式可资借鉴的情况下，允许其在“试点”阶段适当突破法律规范限制是必要的，形式合法性瑕疵不应成为阻碍其发展的理由。

当然，在我国深入推进法治国家建设的背景下，如果依然允许公权力运用任意突破法律的边界，其本身亦是对法治的亵渎。因此，各地在继续深入推动食品安全责任强制保险“试点”的过程中，应积极探索建立公权力运用的规则，以避免公权力的滥用。同时，国家立法机关应加强立法研究，并积极创造条件，不断完善食品安全责任强制保险的制度规则和立法体系，为其在我国的推行提供坚实的法治保障。

三、关于食品安全责任强制保险发展的财税支持问题

食品安全责任强制保险是以加强第三人和社会公共利益保护为宗旨的保险。由于其不以盈利为目的，再加上它在一定程度上限制了市场机制作用的发挥，保险人需承担较高的经营风险，甚至可能发生亏损。此时，便产生了一个问题：政府是否应当通过财税政策支持食品安全责任强制保险发展？

从法理的角度分析，在市场经济条件下，政府应充分尊重和保障保险公司的市场主体地位和自主经营权，如果因指定其从事强制责任保险业务而导致其利益受到损害，应通过财政、税收等方式，对其作出合理补偿；即使是因自愿开展强制责任保险业务而发生亏损，政府也应当从公共利益保护和相关主体利益平衡的角度出发，给予保险公司一定的财税支持，以彰显公平。但是，这一结论似乎也并非绝对的。从我国交强险的实践看，政府并未因为保险公司的经营风险或亏损而给予其财税支持，而交强险的发展也并未因此受到重大不利影响。从交强险的发展环境分析，在其开始

推行之前，机动车第三者责任险等任意责任保险已得到了较快发展，为交强险的推行营造了良好的社会氛围；同时，在域外国家和地区，交强险已是一种极其成熟的强制责任保险制度，能够为我国的实践提供诸多经验借鉴。更重要的是，交强险的推行必将进一步带动相关任意责任保险的发展，为保险公司带来较好的经济效益，使其因交强险而蒙受的损失得到有效弥补。两相权衡，保险公司并不会因交强险经营而受到重大损失。这也是国家未通过财税政策支持其发展的重要原因。据此可见，是否需要通过财税政策支持强制责任保险发展，应主要取决于其发展环境及对保险公司的潜在影响。

从食品安全责任强制保险发展的外部环境看，由于保险市场对食品安全责任任意保险的认同度较低，对强制责任保险存在争议，无形中增加了其推行的难度。同时，由于域外国家和地区缺乏全面推行食品安全责任强制保险的成功经验，再加上食品安全责任风险的复杂性，保险公司的业务经营将面临诸多难题，实现盈亏平衡的难度较大。此时，只有通过财税政策的支持，才能提高保险公司的经营积极性，推动食品安全责任强制保险的发展。对此，《国务院关于加快发展现代保险服务业的若干意见》明确提出，对于具有较强公益性，但市场化运作无法实现盈亏平衡的保险服务，可以由政府给予一定支持。这也为政府运用财税手段支持食品安全责任强制保险发展提供了依据。一方面，政府可以通过出台相关的税收减免政策，将食品安全责任强制保险列入税收减免的保险险种范围，并根据其在一定期间内的经营状况，对发生较大亏损的保险公司给予一定的税收优惠或减免，以降低其税务负担和经营成本，增强其可持续发展的能力；另一方面，政府也可以通过财政补贴的方式支持食品安全责任强制保险发展。财政补贴是指为了实现和维护社会公共利益，通过运用政府财政资金，对个人、企业或其他社会组织进行财产性资助的行为。财政补贴既可以针对保险人，也可以针对投保人。相比之下，对投保人进行保费补贴更有利于推动食品安全责任强制保险的发展。因为通过对保费负担较重的食品生产经营主体进行财政补贴，有利于形成投保的激励机制，引导更多的投保义务人主动投保，继而降低保险人的展业成本和经营成本，推动食品安全责任强制保险的健康发展。

第四节 本章小结

在我国推行食品安全责任强制保险的背后，有着深刻的经济、政治、法律和社会背景。从经济层面看，食品安全问题严重阻碍了我国食品业的发展，迫切需要运用市场化的手段加以解决，但任意责任保险却陷入了“供求双冷”的困境，保险的功能未能得到充分发挥；从政治层面看，食品安全事故频发，严重损害了政府公信力，政府亟须通过新的途径和抓手，推动食品安全监管职能转变和提高食品安全监管的实效性；从法律层面看，受诉讼成本高昂、举证困难、侵权人赔偿能力不足等因素影响，食品侵权受害人难以获得及时救济，增添了影响社会和谐稳定的因素；从社会层面看，国家亟须通过制度创新，回应公众对食品安全问题的关切和参与食品安全治理的要求，推动食品安全合作共治的发展。

我国食品安全责任强制保险“试点”可以划分为着力推广期和继续探索期两个阶段。在第一个阶段，在各级政府的积极推动下，食品安全责任强制保险得到了快速发展；而在第二个阶段，随着《食品安全法》（2015年修正）的实施，食品安全责任强制保险发展受到了较大影响。这也促使各地深入探索食品安全责任强制保险在本地发展的路径和模式。总体上看，食品安全责任强制保险“试点”主要针对高危和重点食品企业开展，并采取政府主导与市场化运作相结合的模式，保险承保机构主要通过政府指定的方式确定，同时鼓励保险人进行保险产品创新。当前，我国食品安全责任强制保险发展仍面临着上位法依据不足、部分规则缺乏合理性、保险主体利益保护的规则不完善、缺乏关于法律责任的规定等问题。在依法治国的背景下，只有不断完善食品安全责任强制保险的制度规则，并建立完善的立法体系，才能推动其健康发展。

反思我国食品安全责任强制保险的实践，应以“受害人基本保险保障所必须”为标准，厘清其制度构建中的“国家管制与市场自治的边界”问题；应客观看待食品安全责任强制保险“先实践后完善立法”的问题，并积极创造条件，尽快完善相关制度规则和立法体系；应通过财税政策支持的方式，推动食品安全责任强制保险的发展。

第四章

立法利益衡量：食品安全责任强制保险制度构建的一个视角

从我国食品安全责任强制保险的实践看，其面临的主要问题是缺乏统一的制度规则和完善的立法体系。而无论是制度规则的创建或立法体系的完善，均离不开相关利益的协调与平衡。在此过程中，如何识别、权衡与平衡食品安全责任强制保险所关涉的利益和利益关系便成为了关键问题。对此，立法利益衡量理论可以提供重要的分析视角。

第一节　立法利益衡量理论的主要内容

利益衡量的思想主要源于德国利益法学对概念法学的批判。利益法学结合复杂的案情和实际需要，对利益按照法律本身的评价标准进行权衡，代替了以呆板的法律规则为依据的逻辑概括方法，实现了法律适用方法的革命。[①] 20世纪60年代，日本学者加藤一郎和星野应一分别提出了“利益衡量论”和“利益考量论”，形成了法解释论意义上的利益衡量理论。此后，随着该理论的发展，其适用范围也逐步拓展到了立法领域，形成了立法利益衡量理论。

由于法律的创建总是为利益和利益关系调整服务的，“法律是社会利

---

① Karl Larenz, *Methodenlehre der Rechtwissenschaft*, 5. Auflage, Berlin: Springer-Verlag, 1983, 5: 51. 转引自张斌. 现代立法中利益衡量基本理论初探［J］. 国家检察官学院学报，2004（6）：23.

益冲突的表现，是对各种冲突的利益进行评价后制定出来的，实际上是利益的安排和平衡”①，因此，为了更好地发挥法律的功能，在立法过程中，必须对各种利益加以识别、权衡与平衡。对此，立法利益衡量理论可以提供重要的方法论。由于当前学界对立法利益衡量理论的研究仍处于初始阶段，相关研究在内容上也较为分散，因此，有必要对其进行重新梳理和阐释，以更好地发挥其对食品安全责任强制保险制度构建的指导作用。

一、立法利益衡量的含义和特征

（一）立法利益衡量的基本含义

关于立法的利益衡量，学界主要从两个层面进行理解。第一，认为立法利益衡量是一种价值判断的活动，其目的在于发现、体现和实现立法者的价值判断，它贯穿于立法活动的全过程。第二，认为立法利益衡量是立法的一种方法。立法利益衡量是对利益及其价值基础进行权衡与比较，并据以确定其在立法上的法律位阶的一种方法。利益衡量理论的立法适用就是在立法过程中，通过对各种冲突性的利益进行协调，使相关主体的利益诉求尽可能地得到满足，最终建立一个利益关系平衡的制度（李璐，2014）。对此，本书认为，立法利益衡量是指在立法过程中，根据法的价值理念、原则、规则和方法，对相关主体的利益加以有效识别、权衡和取舍，并最大限度地实现其利益平衡的过程。

立法利益衡量既是一个价值发现和价值判断的过程，同时也是立法的一种方法。在经济社会发展的过程中，不仅利益主体呈现出多元化的特征，而且其各自的利益诉求也朝着多样化和无限性的方向发展。但是，由于社会资源的有限性，当两种或数种具有冲突性的权利、利益并存，而在客观上又无法同时予以满足时，必然存在一个利益和利益关系处理的问题。如何协调和平衡具有冲突性的利益关系，保障和促进重大利益的实现，便成为法律制度创建过程中的关键问题。现代社会的利益日趋多元化，并在相互间产生了矛盾和冲突，但社会资源总是短缺的和有限的，因

① 何勤华．西方法律思想史［M］．上海：复旦大学出版社，2005：255.

此，通过制定法律来对各种利益进行调节分配便成为了社会运作的客观需要（段匡，2005）。法律的作用在于及时发现社会中存在的利益和利益关系，并对它们加以分类、确认和保护；当法律不能满足所有的需求时，也应当付出最小的代价。相应地，在立法过程中，只有通过利益衡量，对亟待调整的利益加以准确识别、权衡与选择，才能在确保重大利益得到优先保护和满足的同时，合理兼顾其他利益，最终推动相关主体利益平衡的实现。由此，立法利益衡量既是价值判断和利益关系处理的过程，也是立法的重要方法。通过立法利益衡量，有利于推动相关法律规则的建立，使立法的目标得到更好的实现。

（二）立法利益衡量的主要特征

利益衡量是法学方法中的一种黄金方法，它既是一种独立的方法，同时又贯穿于其他方法之中（李秀群，2003）。它既可以运用于法律适用的过程，也可以适用于立法的过程。相应地，利益衡量可以区分为立法的利益衡量和法律适用的利益衡量。与后者相比，立法利益衡量具有以下三个特征。一是属于立法活动的重要组成部分。立法是一个利益衡量的过程，其目标在于通过相关利益主体的博弈，公平合理地分配社会资源和调节利益关系，使相关主体各得其所，从而推动社会的和谐与进步（张新宝，2009）。在立法过程中，只有对相关主体的利益加以比较和权衡，才能为利益关系的调整和法律规范的制定创造必要条件。因此，从性质上看，立法利益衡量属于立法活动的重要组成部分。而从大陆法的传统看，法律适用的利益衡量仅仅是对法律进行解释和适用的一种方法，其目的在于解决司法过程中的法律冲突、法律空白、法律模糊等问题，但其本身并不涉及法律创制的问题。二是所针对的对象是一般的、普遍的、抽象的利益，而非特定的、个体的、具体的利益。基于法律的原则性和抽象性，立法利益衡量通常并不直接针对特定个体的具体利益，而是针对一般主体的抽象利益。其目的在于通过利益和利益关系调整，推动法律规则的建立和立法的发展。而法律适用的利益衡量总是针对特定个案中的具体利益，其目的在于公平合理地解决当事人之间的利益纠纷，有效维护当事人的合法权益。三是参与主体的广泛性。参与立法利益衡量的主体范围较为广泛，不仅包括立法机关，还包括其他进行利益表达的不特定主体。要制定符合社会发展规律的法，即“利益的法”，需要相关利益主体充分表达其利益诉求。只有其利益诉求能够为立法者所充分掌握，才能为利益的有效整合提供必要前提和基础，才能更好地发挥法律在利益调整中的作用（杨炼，2010）。当相关主体向立法机关表达其利益诉求、提出立法建议或参与立法过程时，他们便可以成为立法利益衡量的参与主体。但对于法律适用的利益衡量而言，其总是以法官为主体，即使有其他人员参与其中，亦不属于利益衡量的主体。

总体上看，立法利益衡量集中反映了立法的基本特征和内在要求。它既为法律规范的确立提供了重要依据，也为立法目标的实现提供了重要保障。

二、立法利益衡量的范围

立法利益衡量的范围是指在立法过程中，哪些利益需要进行权衡、比较与选择，哪些利益无须纳入利益衡量的考察范围。明确立法利益衡量的范围，有利于提高立法利益衡量的针对性和实效性，减少人力、物力和时间的损耗，并防止立法利益衡量因超过必要的范围而导致滥用。

（一）无须进行立法利益衡量的主要情形

尽管立法利益衡量为协调和处理立法所涉及的利益和利益关系提供了重要路径，但这并不意味着必须对立法可能涉及的所有利益和利益关系进行利益衡量。总体上看，在以下情形中，无须进行立法利益衡量。

首先，“法外空间”无须进行立法利益衡量。立法的目的在于通过制定新的法律规范，实现对特定社会关系的调整。但是，在现实生活中，并非所有的社会关系和利益问题均可以或适合于通过法律手段来加以解决。对于法律管不着或不需要运用法律或不适合运用法律来规范的“法外空间”，既然法律都未予以规范，自然就没有必要运用利益衡量的方法作出法律解释（梁上上，2006）。另外，从立法利益衡量的终极目标看，主要是为相关主体的利益保护提供合理的法律制度安排，因此，其所针对的对

象应限定在法律利益上，即“从利益体系中抽离出来的、以法定形式存在的利益，也就是通常所说的合法利益”①。换言之，如果所涉及的利益属于非法利益，则无须进行立法利益衡量。

其次，现行法当中已有明确规定，并且足以解决当前利益调整需要的，无须重新进行立法利益衡量。为了实现法律体系的统一性与协调性，立法往往只根据社会关系和重大利益调整的实际需要，对现行法律中尚属空白的、不明确的或不完善的问题作出规定。而法律对利益关系的调整具有普遍适用的效力。如果现行法律已对利益关系调整作出一般性指引，并且当前的利益关系亦属于其调整范围的，无须进行立法利益衡量。但是，如果既有法律的一般性规定已无法对特定利益关系进行有效调整，必须通过立法予以补充和完善时，应重新进行立法利益衡量。

最后，不具有重大性和普遍性的利益和利益关系无须进行立法利益衡量。为了更好地发挥法的功能，法律往往只对具有重大性和普遍性的利益和利益关系进行调整。而随着社会利益格局的深刻变化，利益和利益关系均呈现出复杂性和多样性的特征。如果将所有的利益和利益关系都纳入立法利益衡量的范围，不仅有违立法的初衷和缺乏必要性，而且也将因立法资源的有限性而难以实现。因此，对于不具有重大性和普遍性特征的利益和利益关系，无须进行立法利益衡量；否则，将可能对立法利益衡量目标的实现及立法进程产生不利影响。

（二）立法利益衡量范围的确定

立法利益衡量的范围主要取决于法律利益的类型及利益关系调整的现实需要。当前，学界对法律利益的分类尚未形成一致看法。总体上看，主要有“一分论”“二分论”“三分论”“四分论”等几种代表性观点。“一分论”认为，各种利益都是由个人利益所组成，也都能够还原为个人利益，因此，利益就是指个人利益（陈志龙，1992）。“二分论”认为，根据利益主体是否能感觉到利益的存在，可以把利益划分为主观利益和客观利益（王怀章，2006）。“三分论”的代表人物罗斯科·庞德（1984）认为，

① 周旺生．论法律利益［J］．法律科学，2004（2）：25.

可以将利益划分为个人利益、公共利益和社会利益，其中，社会利益是最重要的利益。此外，我国在立法上也主要采用利益的“三分论”，将利益划分为国家利益、社会利益和个人利益。而“四分论”则认为，利益包括当事人具体利益、群体利益、制度利益和社会公共利益（梁上上，2002）。

对此，本书认为，基于法律制度创建的考量，“四分论”更加契合利益衡量的客观需要，因此，可以以其为依据，从以下三个方面确定立法利益衡量的主要范围。一是制度利益衡量。制度利益是指基于制度所具有的功能和价值，能够为经济发展和社会进步所带来的利益。它直接联结了当事人具体利益和社会公共利益，是最具有根本性的利益。据此，在进行立法利益衡量时，首先应以一定的评价标准为根据，对其固有的制度利益进行衡量，以对其制度存在的正当性与合理性、对经济社会发展的价值，以及进行立法的必要性作出评估。二是相关主体的具体利益衡量。尽管法律具有普适性特征，但法律制度的实施往往会对特定主体的利益产生更加直接和更加重大的影响。因此，在进行立法利益衡量时，应对这些主体的具体利益进行有效识别与权衡，以确定其利益保护的必要性和法律保护的方式，并为相关的立法调整创造条件。三是冲突性利益衡量。即对相关主体的具体利益、群体利益、社会公共利益等各种利益之间是否存在矛盾与冲突进行分析。如果存在，应如何确定利益的重要性程度和法律保护的位阶，以及如何对相关主体的利益进行协调。立法总是基于一定的社会关系调整而进行的，通过冲突性利益衡量，有助于推动立法目标的实现。

三、立法利益衡量的基本原则

立法利益衡量的基本原则是指在立法过程中对各种利益进行权衡、比较和选择的指导思想。立法利益衡量是一种主观的价值判断过程，如果缺乏一定的依据和必要限制，不仅容易导致立法利益衡量活动的随意性，而且可能导致利益衡量的结果背离立法的基本理念。因此，确定立法利益衡量的基本原则，其目的在于规范立法利益衡量的活动，确保利益衡量的结果能更好地服务于立法。在进行立法利益衡量时，应遵循制度正义原则、公共利益优先原则和法律位阶原则。

（一）制度正义原则

社会正义是人类社会的基本理念和价值判断准则，是社会文明进步的标志，更是现代国家孜孜以求的重要目标。社会正义可以表现为多种形式，其中，尤以制度正义最具有根本性，它不仅是社会正义的集中体现，更是衡量社会正义的重要依据。正如美国哲学家约翰·罗尔斯在其名著《正义论》的开篇中所指出的，“正义是社会制度的首要价值，正如真理是思想体系的首要价值一样”①。

关于制度正义的含义，罗尔斯（1988）认为，正义的主要问题是社会制度如何对基本权利和义务进行分配，以及如何对社会合作所产生的利益进行划分。此外，还包括如何对收入和财富进行公平分配的问题。“每个人都是一个与别人平等的公民，都应当在收入和财富的分配中，或作为分配基础的自然特征系列中占有一个位置。”② 我国学者认为，正义的制度应当是能够促进社会和谐进步的制度。制度正义是指国家和社会的整体制度能够充分保障个人的平等、自由和安全，能够保证社会各个阶层、各个集团和各个部分利益的协调与共存，能够实现全社会成员关系的和谐（张恒山，2007）。关于制度正义的衡量标准，罗尔斯（1988）认为，对于与平等的自由完全适当的，并与适用于所有人的自由体制相容的体制，每个人都应当拥有相同的不可剥夺的权利；并且，它们应当有利于社会之最不利成员的最大利益。换言之，正义的制度应当能够保障每一个人拥有平等的自由和机会，并且，有利于实现对最不利群体的最大保护。我国学者则认为，如果社会制度能够基于普遍的民主法治、自由平等和公平正义原则分配权利和义务，并且能够有效平衡社会成员之间的价值和利益冲突，这些制度就是正义的（唐皇凤，2012）。

尽管“正义有着一张普洛透斯的脸，变幻无常、随时可呈不同形状并具有极不相同的面貌”③，但每当人们评判某一制度是否具有正当性

---

① ［美］约翰·罗尔斯．正义论［M］．北京：中国社会科学出版社，1988：1.

② ［美］约翰·罗尔斯．正义论［M］．北京：中国社会科学出版社，1988：100.

③ ［美］E·博登海默著，邓正来译．法理学法哲学与法律方法［M］．北京：中国政法大学出版社，1999：252.

时，都会自然而然地将其与正义相联系，把制度正义看作制度正当性的本质特征。正义是社会制度的首要价值，某些法律和制度，不管它们如何有效率和有条理，只要它们是不正义的，就必须加以改造和废除（罗尔斯，1988）。在进行立法利益衡量时，首先应根据制度正义原则，对法律制度所具有的根本性利益，即制度利益进行衡量。如果该制度能够保障和促进社会成员平等、自由和公平的权利，并能够通过利益调整较好地满足不同群体的利益，使利益冲突得到有效解决，则符合制度正义原则，具有制度利益；反之，如果法律制度违背了制度正义的基本要求，或无助于实现特定的价值目标，或无助于推动社会的发展进步，则不具有制度利益。

（二）公共利益优先原则

公共利益优先原则是指在通常情况下，对社会公共利益的保护应优先于对群体利益和个人利益的保护。在适用该原则时，首先需要解决两个基本问题：一是什么是公共利益；二是如何识别公共利益。在根本上，公共利益依然是一个仁者见仁、智者见智的概念。究其原因，就在于公共利益语义的模糊性、抽象性和开放性，再加上其所涵盖的领域和运用的范围极其广泛，要用固定的语言表述其内在含义极其困难。虽然难以对公共利益的含义作出一致的界定，但通常认为，公共利益是能够为不确定多数人所认可和享有的内容广泛的价值体（王太高，2005）。关于如何识别公共利益，当前也未形成一致看法。有学者认为，公共利益的识别，应根据赠予性、共同拥有和共享性、难以精确计算和测量等基本特征来加以判断（张成福和李丹婷，2012）。在地方立法利益衡量的过程中，则应根据地域性、整体性、受益多数性、直接相关性等特征来识别社会公共利益（王丽，2015）。

在公共利益与个人利益关系上，个人利益是公共利益的基础，公共利益不可能脱离个人利益而独立存在。因为整体是由单个的个体所组成，离开了个体利益，作为整体利益的公共利益也就不复存在。当为数众多的个人利益有机叠加和聚合，并过滤掉其中的偶然性、特殊性因素，保留和维持其中的合理性、普遍性因素时，为公众所广泛认同和接受的社会公共利益便得以生成。对于个体而言，其为了实现自身所追求的价值和利益，必须诉诸一定的行为。从经济学的角度看，任何个人行为都有可能带来或正或负的外部性，并导致社会公共利益损益的发生，似乎没有什么行为是不关涉公共利益的（王凌皞，2016）。但是，个人在行使权利时，不得损害国家、集体及他人的利益。基本权利的行使必须考虑社会共同利益的需要，同时应尊重其他个人所拥有的基本权利的需要（许宗力，2003）。由于公共利益由个人利益汇聚而成，当这种集合利益形成后，便代表了多数人的共同利益，构成了一种比个人利益位阶更高的社会共同利益。根据整体利益、高位阶利益优先保护的原理，在处理公共利益和个人利益的冲突时，应将公共利益置于优先保护的地位，个人利益应服从社会公共利益。反映到立法上，当公共利益可能因个人行为的负外部性而受到损害时，立法势必作出回应，对个人权利进行必要的约束和限制，确保个人权利在不损害社会公共利益的边界上行使。

然而，“公共利益优先”并不意味着公共利益绝对地、无条件地、不加区别地优先于个人利益。根据平等主义的公共利益观，真正使公共利益获得优先保护地位的，并非其利益总量上的压倒性优势，而是因为利益总量的内部分配符合平等的价值理念。而一旦利益分配严重侵犯或减损了平等的价值，权利主体便可以合理地拒绝公共利益的要求。这主要包括两种情形：其一，为了保全公共利益而牺牲的个人利益大至一定的程度，以至于结果极不公平；其二，与每个社群成员在社会公共利益中获得的个人份额相比，个人利益损失太过于悬殊，以至于极不平等（王凌皞，2016）。同时，基于保障基本人权的法治精神，每个权利主体均具有基于正义的不可侵犯性。对于权利主体的生命权、健康权、自由权、生存权等基本权利，即使是出于社会公共利益的目的，亦不得任意侵犯和损害。

据此，在进行立法利益衡量时，既要坚持公共利益优先的一般原则，也要充分考虑特定情况下个人利益可能受到的重大不利影响，并合理处理公共利益与个人利益的关系，使二者得以合理兼顾、和谐统一。

（三）法律位阶原则

人不可能凭据哲学方法对那些应得到法律承认和保护的利益作出普

遍有效的位序安排，但这并不意味着必须将所有利益都视为同一水平上的，亦不意味着不能进行任何质的评价（E. 博登海默，1999）。尽管立法利益衡量所涉及的利益均属法律所保护的合法利益，但是，其在重要性程度以及保护的轻重缓急上亦存在差别。当这些利益发生冲突时，应根据法的基本理念和原则，科学确定其法律保护的先后次序，此即利益保护的法律位阶原则。根据不同法益的特征，法律位阶原则应包括以下两个基本准则。

一是人身利益保护优先于财产利益和其他经济利益保护。一切社会活动皆以人的生存和发展为起点，亦以人的生存和发展为归宿。在人所享有的各项权利和利益中，人身利益与人的生存和发展具有更加紧密的联系，甚至是人得以享有其他权利和利益并成其为“人”的前提和基础，只有将人身利益置于特殊优先保护的地位，才能为其他权利和利益的保护奠定基础。相应地，在进行立法利益衡量时，如果人身利益与财产利益、其他经济利益发生冲突，应优先保护人身利益，并在此基础上兼顾保护其他利益。另外，人身利益包括人格利益和身份利益，人格利益又可以分为物质性人格利益和精神性人格利益。从与人的紧密联系程度看，人格利益比身份利益更加重要，当二者发生冲突时，人格利益保护应优先于身份利益保护。同时，物质性人格利益与人的身体、生命联系更加紧密，当其与精神性人格利益发生冲突时，应当得到更加优先的保护。

二是群体利益保护优先于个体利益保护。个体总是存在于一定的社会关系当中。当一定数量的个体为了共同利益而结合在一起，或者因共同的特征而可以被视为一个特定的群体时，群体利益便得以形成。由此，群体利益源于个体利益，并由分散的个体利益结合而成，它既体现和代表了单一个体的具体利益，又超越了个体利益，体现和代表了同类群体的整体利益。同时，社会群体是为了实现其成员个体实现不了的利益、为了与国家利益相抗衡而组建的，是实现其成员利益的工具（邱本，2002）。因此，从法律位阶上看，群体利益应介于个体利益与社会公共利益之间。它的法律位阶应高于个体利益，而低于社会公共利益。相应地，当群体利益与当事人的具体利益发生冲突时，群体利益应优先于当事人的具体利益。当然，这一准则亦具有相对性。对群体利益的优先保护同样应遵循“例外原

则”，即不得因保护群体利益而给个别当事人造成极其不公平的损害后果，不得因此而严重损害当事人的基本权利。

四、立法利益衡量的主要方法

（一）成本收益分析法

法律制度的推行应考虑成本收益问题。在进行立法利益衡量时，应通过成本收益分析等方法，对法律制度本身，以及其对不同利益主体所造成的经济影响进行评估。成本收益分析是一种用于改善公共政策、行政监管、法规决策的技术，是某一政策、法规所引起的累积个人福利变化的货币化衡量（Kopp，Krupnick & Toman，1997）。它的理论来源于福利经济学，目标在于提高社会效益和增进社会福利。成本收益分析不仅是经济学上的重要分析工具，而且在法学领域也得到了广泛运用。它的基本分析方法是通过对某一项目或政策可能获得的收益和产生的成本进行测算，以客观的量化标准来评估其合理性与可行性。近年来，我国逐渐重视成本收益分析的运用。国务院 2004 年发布的《全面推进依法行政实施纲要》和 2010 年发布的《关于加强法治政府建设的意见》均提出，政府立法应开展成本效益分析，要充分考虑立法的成本。此外，在一些部门规章和地方性法规中，也对成本收益分析作出了规定。例如，2011 年出台的《山东省行政程序规定》提出，决策事项的承办单位在必要时可以进行成本效益分析；2013 年出台的《广东省法治政府建设指标体系（试行）》提出，加强立法的成本效益分析。成本收益分析之所以会大行其道，是因为它适应了规制缓和的需求，同时也是经济分析法学在规制和行政法领域应用的结果（高秦伟，2012）。

根据成本收益分析，即使政府所实施的行为旨在实现公益目的，但如果其所耗费的成本过大，成本和收益明显不成比例，政府就应当审慎地作出决定（刘权，2015）。成本收益分析有利于提高公共资源的配置效率，使公权力得到更加有效的规制，进而进一步增强公权力运用的合法性与合理性，更好地保护和促进公共利益。当国家为了应对某一公共治理难题却面临诸多方案选择时，成本收益分析能为其提供一种衡量与判断的客观依据，使不同的政策方案得以进行直接比较，从而提高决策的科学性。同时，成本收益分析也有助于推动公共决策的公开化和透明化，使公权力得到更加有效的监督，防止其滥用，继而减少不当行政规制对公民权利的不当限制。当然，在进行成本收益分析的过程中，仍面临着特定情形下成本和收益无法量化、难以定价等问题，但它依然为特定政策和制度的合理性评价提供了重要方法。一方面，成本收益分析本身是一个发展变化的过程。随着成本收益分析技术的不断进步，对诸如空气污染、公共健康等一些本属“无价”的或难以量化的因素进行货币化处理将成为可能。另一方面，无论成本收益分析的技术如何发展，依然会存在许多无法进行量化处理的因素，因此，在进行成本收益分析时，应将定量分析与定性分析有机结合起来，“既要对成本收益分析的结果进行评估，也要对其无法量化处理的相关因素进行审查”①。

（二）比例原则分析法

比例原则的本质是从制度利益与社会公共利益的互动中对法律制度进行利益衡量（梁上上，2012）。现代国家在运用公权力保护社会公共利益的过程中，亦面临着如何将公权力运用限制在必要、合理的限度内，避免公民的基本权利受到损害的问题。“如果允许公权力用限制的方式掌控公民的基本权利，势必会导致公民的基本权利被过度侵害，甚至被排除和掏空。”② 因此，如果法律制度的制度利益衡量涉及公权力行使，应根据比例原则，对公权力可能对其他利益主体施加的影响加以评估。只有对整体权力进行有比例的分配和对具体权力的行使进行有比例的控制，才能避免产生绝对的不受约束的权力（郝银忠和席作立，2004）。而即使其中并未涉及公权力的行使，也应当在优先保护某一法律利益的同时，将其对其他利益的损害控制在一定的比例范围和幅度之内。

比例原则是指只有在保护公共利益所必须的范围内，才能对权利进行限制。立法机关在进行立法时，其立法目的、限制公民权利的法律规定都

---

① Richard H. Pildes, Cass R. Sunstein, “Reinventing the Regulatory State”, *The University of Chicago Law Review*, 1995, 62 (1): 72.

② 赵宏．限制的限制：德国基本权利限制模式的内在机理［J］．法学家，2011（2）：161.

必须考虑其对权利的限制是否有必要、是否成比例（杨临宏，2001）。它强调的是公权力的运用、对法律利益的保护，以及对权利的限制都应当合乎比例，不能因保护某一特定的法律利益而过度侵害其他利益。比例原则由三个子原则组成：一是妥当性原则，即所采取的手段能够实现其所追求的目的；二是必要性原则，即所采取的措施在所有可行手段中最优，没有比其更加恰当与合理的选择；三是相称性原则，即所采取的措施与追求的结果之间成比例，所产生的利益大于造成的损害（哈特穆特·毛雷尔，2000）。通过三个子原则，比例原则集中体现了加强对公权力运用的规制和加强公民权利保护的现代法治精神。就比例原则的要求而言，无论是将其作为基本权力限制的限制（国家行为的限制），还是作为对基本权利的限制（公民行为的限制），都契合了现代宽容的理念，亦体现了对他人的思想、观念和行为的尊重与认可（门中敬，2014）。

在我国，尽管法律尚未对比例原则作出直接规定，但比例原则的精神实质已为立法所确认。例如，《中华人民共和国立法法》（以下简称《立法法》）所规定的“立法应当从实际出发，科学合理地规定公民、法人和其他组织的权利与义务、国家机关的权力与责任”，体现了比例原则的精神（陈新民，2002）。据此，在我国深入推进法治国家建设的背景下，比例原则分析应成为立法利益衡量的重要方法。

（三）平衡分析法

立法利益衡量的终极目标在于推动利益平衡立法目标的实现，因此，在确定相关利益的法律保护位阶后，应进一步确定实现利益平衡的方式，并形成相应的机制和规则。由此，平衡分析法可以成为立法利益衡量的重要方法。它旨在通过对客观的立法条件、立法环境，以及对不同利益进行保护的方式和实现其利益平衡的路径进行分析，为相关法律规则的制定提供依据。从平衡分析法的内容看，它主要包括两个层面的问题：一是对处于不同法律保护位阶的利益进行分析，使重大利益能够得到立法的优先保护；二是对处于同一法律保护位阶的利益进行分析，使一般法益能够得到立法的均衡保护。

在相对稳定的利益格局中，不仅相关主体之间存在紧密的利益依存关系，而且其利益也必然在其中占据相应地位。与之相对应，在进行法律制度的创建时，必须根据立法的价值理念和目标，最大限度地实现对不同利益的兼顾保护。如果为了实现立法对重大利益和社会公共利益的优先保护而可能损害其他利益时，应当对可能造成的损害进行评估，并建立相应的利益补偿机制和平衡机制，使受损的利益能在一定程度上得到弥补。法律要达到的平衡目标是，先满足最重要的和需要优先保护的利益，然后使其他利益受到的损害最小（袁咏，1999）。由于“利益就其本性来说是盲目的、无止境的、片面的”[①]，因此，通过运用平衡分析法，确立利益保护和利益实现的基本规则，有利于加强对相关主体行为的约束，避免其对其他主体的利益造成损害，并推动立法对不同利益的均衡保护，使相关主体的利益诉求和利益平衡得到更好的实现。

五、立法利益衡量的保障机制

利益衡量新方法的主要目的不在于这种方法本身，而在于适用这种方法所获得的法律的生活价值（吴丙新，2013）。从立法的角度看，通过利益衡量，可以为冲突性利益关系的协调与平衡创造必要条件，继而有利于实现法律在利益关系调整中的价值。但是，在立法利益衡量的过程中，如果立法者的行为存在瑕疵，或者违反了法定的程序和规则，不仅会对利益衡量的结果产生不利影响，而且会对冲突性利益关系的调整和立法产生不利影响。只有建立相应的保障机制，对立法者的行为加以约束，才能为立法利益衡量的实施提供有效保障。

立法利益衡量的保障机制主要体现为利益衡量的审查机制。它主要包括瑕疵审查与合法性审查两个方面。瑕疵审查即对立法利益衡量的过程及结果是否存在瑕疵进行审查。立法利益衡量的瑕疵主要体现在以下四个方面：一是片面性的衡量，即在缺乏完整材料的情况下进行立法利益衡量；二是错误性评价，即对利益关系未能作出适当的理解，导致错误结论的产生；三是衡量缺失，即应当进行衡量的利益未衡量，或虽纳入衡量范围但

---

① 马克思恩格斯全集（第1卷）［M］. 北京：人民出版社，1978：179.

予以忽视；四是衡量失调，即以不合比例或不均衡的方式衡量各种利益（肖泽晟，2013）。在以上情形中，片面性的衡量和衡量缺失体现为过程瑕疵，错误性评价和衡量失调则体现为结果瑕疵。但无论哪种情形，均有可能误导利益调整及立法的方向，因此，当立法的利益衡量完成后，应对其衡量的过程和衡量结果加以审查。合法性审查即对立法利益衡量的程序、适用规则及结论是否合法进行审查。卡尔·拉伦茨（2003）认为，“法益衡量”并非单纯的法感，不是一种无法合理掌握的过程，它在某种程度上仍应遵守具体的原则，在此程度上，它也是可审查的。作为一项立法活动，立法利益衡量必须遵循法定的程序和规则，其所取得的结论也应当契合法的基本理念、原则和规则。一旦与之相背离，立法利益衡量应当归于无效。

第二节　立法利益衡量理论的分析范式

范式是指用来组织观察和推理的基础模型或参考框架。它不仅形塑了我们所看到的事物，而且影响着我们如何去理解这些事物（艾尔·巴比，2009）。在立法过程中，必然涉及复杂的冲突性利益关系，如何对其加以协调与平衡，并更好地保护相关主体的利益，是立法中的重要问题。对此，立法利益衡量理论为我们提供了一种分析范式和方法论。

一、利益识别分析

法律规范是一个展现利益角逐和抗衡的平台，利益之间的对抗是成就立法的基础（李璐，2014）。在特定的条件下，社会多元利益体系呈现出对立统一的相对稳定状态。但是，随着经济社会的发展，原有的利益格局逐渐被打破，利益冲突成为影响社会稳定的重要因素。当既有的法律体系无法有效应对已发生重大变化的利益关系时，便产生了立法的必要性。从立法者的角度，只有及时洞悉社会利益格局的变化，并准确识别其中的利益和利益关系，尤其是冲突性的利益关系，才可能做到及时立法、科学立法。由此，利益识别便成为立法利益衡量的逻辑起点。

利益识别是指对利益和利益关系变动的事实加以全面揭示的过程。利益事实本身是客观存在的，如果立法者不能客观地对其产生、发展和演变规律加以认识，则无法对立法的必要性和可能性作出准确判断，法律在利益关系调整中的作用也将无从发挥。据此，利益识别是一个认识客观事实和客观规律的过程，它并不涉及对利益和利益关系进行主观评价的问题。为了使利益结构变动的事实得到真实呈现，立法者应当通过多种途径收集和获取信息，并使民众的利益诉求得到充分表达。在充分获取信息的基础上，立法者应秉持客观中立和不偏不倚的态度对其进行处理，避免利益事实受到个人主观因素的影响。通过利益识别，应当将利益关系变动的总体状况，所涉及的利益主体、利益类型和性质、利益冲突及其对社会的影响等予以客观反映，为立法评估和利益调整创造必要前提和基础。

二、利益权衡与比较分析

立法利益衡量在本质上是一个价值判断的过程，即在利益识别的基础上，对不同的利益进行权衡、比较和取舍。尽管法律位阶原则确立了利益保护次序的一般规则，但是，在许多情况下，通过利益识别所确定的利益往往处于同等的法律位阶，或者无法直观地对其法律位阶作出判断。此时，只有以特定的立法理念为根据，并运用立法利益衡量的基本原则和方法，对不同利益进行权衡与比较，才能对其各自的性质、价值、地位和重要性作出评价，并科学确定其法律保护位阶。由此，利益权衡与比较是一个对不同利益作出合理评价，并确定其法律保护位阶的过程。

基于主观价值判断的易变性、差异性和不确定性，如果任由立法者依其自由意志进行利益权衡与比较，不仅无法保证立法利益衡量结果的公平性，甚至可能严重背离法的基本精神，与立法利益衡量的初衷背道而驰。为此，在进行利益权衡与比较分析时，应将立法者的主观判断与客观规则有机结合起来。一方面，立法者应在法的基本理念、原则或政策精神的指引下，依照立法利益衡量的基本原则和方法进行利益权衡与比较。这不仅有利于对立法者的行为进行规范和约束，而且有利于实现立法利益衡量结果的合法性与合理性。另一方面，对于性质上存在较大差异，以至于既有规则和方法均难以确定其法律位阶的异质利益，立法者应结合立法的目的、现实的立法条件、社会的客观需要等因素，以普遍认可的价值观和社会共识进行利益权衡与比较，确保立法利益衡量的结果能够为社会所广泛接受。异质利益的衡量虽不能进行量化的比较，却可在一些基本的社会价值和共识之上进行权衡（梁上上，2016）。

三、利益平衡机制分析

现代立法实质是一个利益识别、选择、整合及表达的交涉过程，在此过程中，立法者旨在追求利益平衡（E. 博登海默，1999）。从外在形态看，利益平衡是一种利益格局在一定时期内处于稳定不变的状态，即由于法律在协调各方面冲突因素中的作用，相关各方的利益在相容和共存的基础上达到合理的优化状态（陶鑫良和袁真富，2005）。但是，利益平衡具有相对性，它总是以特定的条件为前提。当原有的利益关系发生重大变化时，业已形成的利益平衡格局将被打破。此时，如果不通过一定的制度机制加以干预，将可能对社会和谐稳定产生不利影响。从利益和利益关系调整的角度看，只有充分发挥立法和法律制度的作用，才能使社会利益格局重新恢复到相对稳定的平衡状态。相应地，在立法过程中，在对相关利益进行识别、权衡和比较的基础上，应当对法律制度所包含的利益平衡机制进行分析。

在内容上，利益平衡机制突出表现为对权力、权利、义务进行合理配置。利益平衡并非对各种利益进行绝对的、不分先后次序的同等保护，而是在优先保护重大利益和社会公共利益的基础上兼顾对其他利益的保护，因此，只有将国家权力运用与当事人的权利行使、义务承担有机结合起来，才能确保重大利益和社会公共利益得到优先保护，避免其因当事人的私利动机或不法行为而受到损害。同时，通过权力、权利、义务的合理配置，能够为其他利益的兼顾保护奠定基础，并为相关法律规则的制定提供依据，继而推动利益平衡立法目标的实现。

第三节 立法利益衡量理论的局限性

尽管立法利益衡量理论为解决立法过程中的利益衡量提供了方法论，但是，在其实际适用的过程中，仍然面临着诸多问题。首先，客观规则的运用，并不足以保证立法者的主观理性。利益衡量的方法不可能像读图表一样获得结论，我们无法为利益衡量建立一个大一统的利益评价和取舍规则，因为利益本身就是一种价值判断，是因人、因时、因事、因地而异的（焦宝乾，2010）。不可否认，客观规则的运用，增强了立法者的行为约束，并在一定程度上避免了立法者的主观随意性。但从根本上看，立法利益衡量依然是一个主观判断的过程，客观规则并不足以完全解决主观因素对立法利益衡量的过度影响问题。其次，影响立法利益衡量的客观因素较多且极其复杂，其中既有法律的因素，也包括众多非法律的因素，并且，许多因素始终处在发展变化之中，即使立法者能够做到主观理性和严格遵循约束性规则，也难以保证利益衡量结果的公平合理。再次，立法的过程，亦是利益格局调整和利益重新分配的过程。在立法利益衡量的过程中，各利益主体必然通过多种途径，向立法者表达其利益诉求。由于不同利益主体在社会地位、经济实力、信息资源等方面存在显著差异，其对立法者施加影响的能力也存在较大差别。当处于优势地位的利益主体对立法者的主观价值判断形成较大影响时，立法利益衡量即有可能朝着有利于特定利益主体，而不利于其他利益主体的方向发展。最后，作为立法利益衡量依据的法的价值和法律规范均有可能存在冲突。立法中的价值选择表现为对法规范冲突的具体价值考量，但在同一法域下，法律不可能同时实现所有目的价值；从一个时点看，可以说某种价值居于首位，但从社会发展的过程看，多元价值是法价值的基本表现，价值冲突存在也是必然的（李国强和孙伟良，2012）。法律规范冲突的发生，则是因为在不同的时期和不同的背景下，立法所追求的价值目标不一致。当法的价值冲突与规范冲突并存时，立法利益衡量的难度也将显著增加。

由此可见，立法利益衡量理论并不足以解决法律制度创建过程中的所

有利益衡量问题。只有将其与特定的制度、具体的实践、其他理论分析方法，以及特定时期的立法环境紧密结合起来，并充分发挥立法程序性规则对立法者的约束作用，才能更好地发挥其对立法的推动作用。

第四节　本章小结

在对食品安全责任强制保险的制度构建进行分析时，必然涉及如何进行利益识别、权衡、取舍和平衡的问题。通过将利益衡量理论扩展至制度创建的层面，并对因此形成的立法利益衡量理论进行梳理与重构，能为食品安全责任强制保险制度构建提供重要的理论分析工具。

立法利益衡量是一个价值判断的过程。它属于立法活动的重要组成部分，它所针对的是一般的、普遍的和抽象性的利益，并且具有参与主体广泛的特征。在范围上，立法利益衡量主要围绕制度利益、当事人的具体利益、群体利益和社会公共利益展开。但是，这并不意味着其范围可以不受任何限制。为了提高立法利益衡量的效率和质量，应当为其设立必要的“界碑”，将“法外空间”、法律已有明确规定的问题，以及不具有重大性和普遍性的利益排除在其范围之外。在进行立法利益衡量时，应坚持制度正义原则、公共利益优先原则和法律位阶原则。立法利益衡量的方法包括成本收益分析法、比例原则分析法、平衡分析法等。为了确保立法利益衡量的合法性与合理性，应当建立立法利益衡量的审查机制。在分析范式上，立法利益衡量主要围绕利益识别分析、利益权衡与比较分析，以及利益平衡机制分析展开。

虽然立法利益衡量理论能够为法律制度创建过程中的利益衡量提供方法论，但在其具体适用的过程中，仍然面临诸多问题。其中，最突出的便是立法者的“有限理性”问题。同时，客观影响因素的多样性和复杂性、优势地位利益主体的影响等，均可能对利益衡量的结果产生不利影响。在实际适用的过程中，应通过特定的规则设计，最大限度地消除其弊端、提高其实效性，更好地发挥其对法律制度创建的推动作用。

第五章

食品安全责任强制保险及其相关主体的利益衡量

立法利益衡量理论为食品安全责任强制保险及其相关主体的利益衡量提供了重要的分析范式和方法论。一方面，要以利益和利益关系识别为基础，对食品安全责任强制保险所涉及的基本利益，尤其是冲突性利益关系进行分析；另一方面，要对实现食品安全责任强制保险利益平衡的机制进行分析，为其制度规则设计和立法体系完善创造必要前提。

第一节　食品安全责任强制保险的利益识别

一、食品安全责任强制保险的制度利益

法律制度的产生和发展，源于其固有的、根本性的制度利益。正是特定的制度利益，形塑了同类型的法律制度，并成为法律制度之间相互区别的主要特征。同时，某一法律制度本身所追求的或者所凝固的制度利益是其核心价值，这是制度利益根本属性的体现（梁上上，2012）。就食品安全责任强制保险而言，它既具有任意责任保险的基本功能，也具有强制保险的特殊功能。传统责任保险以填补被保险人的损失为目的，是被保险人分散风险的一种方式。随着保护第三人法意的发展，责任保险在功能上逐渐由填补被保险人的经济损害转变为填补受害第三人所受损失（温世扬，2016）。由此，食品安全责任强制保险的制度利益首先表现为对第三人利

益的保护。它不仅是国家对食品交易关系和保险市场进行适度干预的重要手段，更是国家加强对第三人利益和社会公共利益保护的重要制度安排，彰显了其作为公共政策所固有的制度利益。立法目的的实现应采取适当的手段，否则，不但会对制度利益的实现产生不利影响，而且会对当事人利益和社会公共利益造成损害（梁上上，2012）。尽管食品安全责任强制保险的终极目标在于加强第三人和公共利益保护，但由于其在较大程度上突破了契约自由原则，因此，在进行立法利益衡量时，应进一步对其制度利益的经济性与合理性、制度利益实现手段的适当性，以及制度利益目标的可实现性进行分析。

二、食品安全责任强制保险主体的利益

保险主体总是基于一定的利益诉求而参与保险法律关系，或者因一定的利益诉求而与保险法律关系发生联系。食品安全责任强制保险的推行必然会对相关保险主体的利益造成影响，因此，在进行立法利益衡量时，首先应对其加以有效识别。

首先，从投保人和被保险人的角度看。在保险法律关系中，投保人是指与保险人缔结保险合同的当事人，被保险人是指人身利益或财产利益得到保险保障的关系人。责任保险法律关系的建立，总是以特定的责任风险为基础。在食品交易关系中，食品生产经营者总是潜在地承担食品侵权责任风险。当其所提供的食品不符合法定的安全标准，并造成消费者权益损害时，该风险将转变为现实的食品侵权责任。当适格的食品生产经营者投保食品安全责任强制保险并成为投保人后，它将因投保而直接获得保险保障。因此，在食品安全责任强制保险法律关系中，投保人通常就是被保险人。其投保食品安全责任强制保险的目的在于加强侵权责任风险管理、降低财务风险，增强生产经营的稳定性和可预见性。这就是投保人（被保险人）对食品安全责任强制保险所具有的利益。它在性质上属于当事人的具体利益。与此同时，对不同的投保人（被保险人）而言，其对食品安全责任强制保险所享有的利益无论是在性质、特征或内涵上均具有一致性，因此，可以被视为一个利益整体或利益共同体。此时，投保人（被保险人）

利益便具有了群体利益的属性，可以被归入群体利益的范畴。据此，投保人（被保险人）利益既可以体现为当事人具体利益，也可以体现为群体利益。

其次，食品安全责任强制保险人利益。保险人是与投保人（被保险人）相对应的另一方当事人。尽管公益性保险的属性决定了食品安全责任强制保险不以利润最大化为目标，但作为独立经营的市场主体，保险人不得不考虑经营食品安全责任强制保险的利益问题，或者是能够直接获得一定的经济利益和社会效益，或者是能够通过该业务经营而带动其他业务的发展。因此，从保险人的角度看，它亦对食品安全责任强制保险具有独立的利益。它属于当事人具体利益的范畴。由于食品安全责任强制保险业务经营具有同质性，其保险人无论数量的多少或经营效益的好坏，均可以被视为一个目标相同、诉求一致的整体。当个体的、分散的、独立的保险人利益被汇总和相加后，保险人的群体利益便得以形成。

最后，食品安全责任强制保险所涉及的第三人利益。在责任保险中，第三人是指因被保险人的侵权行为而受到人身伤害或财产损失的受害人。根据保险法原理，当保险事故发生时，被保险人必须对保险标的具有保险利益，方能获得保险人的保险赔偿。以此类推，受害第三人要获得食品安全责任强制保险的保障，也应当对保险标的具有保险利益。这一利益既包括现有利益、期待利益，也包括责任利益（温世扬，2016）。尽管受害第三人不属于食品安全责任强制保险的当事人，但是，由于其利益因被保险人的食品侵权行为而受到损害，因此，它对食品安全责任强制保险的标的，即食品侵权损害赔偿责任具有直接利害关系。随着保险的发展和合同相对性原则的突破，保险合同愈发重视对第三人利益的保护，第三人因此得以进入保险关系中，并成为保险合同的重要主体。此时，第三人便在事实上取得了相对独立的保险主体地位，并对保险标的具有了保险利益，可以获得保险合同所提供的保险保障。据此，第三人在食品安全责任强制保险中亦具有相对独立的利益。由于在食品安全事故中，受害第三人在人数上具有较大的不确定性，当它只涉及个别受害人时，第三人利益仅仅属于具体利益的范畴；如果其所涉及的人数较多，它便在个人的具体利益之外，具有了群体利益的特征。而一旦出现受害人人数众多的情况，或者将

第三人全部作为一个整体加以考虑时，第三人利益便超越了具体利益和群体利益，具有了社会公共利益的属性。

第二节　食品安全责任强制保险的制度利益衡量

一、食品安全责任强制保险的成本收益分析

成本收益分析的支持者认为，政府立法的成功与否应取决于其是否能够产生净福利，只有产生净福利的立法才是理论上可行的（赵雷，2013）。从成本收益的角度看，食品安全责任强制保险的制度利益是否具有经济性与合理性，将取决于其是否能够为社会和相关主体带来净福利。

从政府的角度看，因推行食品安全责任强制保险而增加的成本包括政策制定成本、立法成本、监管成本等。政策制定成本主要包括信息成本、谈判成本、合法化成本、代理成本和运转成本等（黄新华，2012）。由于政策制定的过程也包括了政策合法化的过程，即“通过各种必要的行政程序和法律程序，使政策在人们心目中建立合法地位，并被认可和接受的过程”①，因此，立法成本可以包含在政策制定的成本当中。监管成本是指与食品安全责任强制保险行政监管直接相关的成本支出。尽管食品安全责任强制保险将在一定程度上增加政府的监管成本支出，但其目的在于规范保险市场秩序和保护相关保险主体的利益，同时也为了保护和促进社会公共利益。对于政策制定者及监管者而言，则可以通过承诺机制、激励机制、监督机制、授权机制、信誉机制等形式（黄新华，2012），将其行政成本支出控制在一定的范围以内。随着我国深入推进效能政府建设，政府决策的科学化与民主化程度不断提高，政策制定与行政监管的成本将得到更加有效的控制，因此，从总体上看，推行食品安全责任强制保险并不会导致政府支出的大幅度增加。关于这一点，已为交强险的实践所证实。随着食品安全责任强制保险的推行，受害人救济将得以通过市场化的方式加以解

① 朴贞子，金炯烈．政策形成论［M］．济南：山东人民出版社，2008：111.

决，政府因重大食品安全事故救济而支出的财政资金将明显减少；同时，食品安全责任强制保险的发展，也将对政府食品安全监管模式的转变、监管效率的提高，以及监管成本的控制产生积极影响，使食品安全监管成本得到更加有效的控制。两相权衡，食品安全责任强制保险给政府所带来的收益将明显大于所增加的成本。

对食品生产经营者而言，其投保食品安全责任强制保险的意义在于，以较少的保险支出换取保险公司相对较高的保险保障。当食品安全事故发生时，食品安全责任强制保险能有效增强食品生产经营者的赔偿能力，并减少其因解决纠纷而耗费的大量人力物力。因此，食品安全责任强制保险能有效提高食品生产经营者的财务稳定性，使其所面临的不确定性风险得到更好的控制。至于其因投保而增加的费用支出，则可以转化为食品生产经营的成本，并可以通过价格等策略加以化解。因此，食品安全责任强制保险能够为食品生产经营者带来净收益。

对保险公司而言，其因经营食品安全责任强制保险而增加的成本包括展业成本、承保成本、监督成本、勘查成本、理赔成本等。这些成本可以通过收取保险费的方式转嫁给投保人。至于该成本转嫁能否全部实现，主要取决于以下两个因素：保险费率的高低和保险覆盖率的高低。由于二者均在很大程度上取决于食品安全责任强制保险的制度设计及政府监管的力度，因此，当保险费率偏低或保险覆盖率过低时，保险人将可能面临亏损的风险。从交强险的实践经验看，国家将根据保险人的经营状况，不定期地对保险费率进行调整，以确保其“不盈不亏”目标的实现；更重要的是，随着强制责任保险的推行，人们的风险意识和保险意识也将逐渐提高，并推动相关任意责任保险的发展，为保险人创造新的利润增长点。由此，虽然保险人可能会在短期内面临一定的经营压力，但从中长期看，食品安全责任强制保险能够为其带来较好的回报。

从消费者的角度看，食品安全责任强制保险能够为其提供基本的保险保障。当其因食品侵权而受到损害时，可以要求保险人在保险责任限额内承担损害赔偿责任。由此，食品安全责任强制保险有效加强了受害人保护，促进了社会和谐稳定。当然，食品安全责任强制保险亦可能对消费者造成一定的影响。由于食品生产经营者的投保成本转嫁，可能会导致部分食品价格上涨，使消费者的食品消费支出有所增加。但是，基于食品安全责任强制保险的公益性特征，其保险费率水平通常较低，不会给投保人造成较重的经济负担，更不会因其成本转嫁而造成食品价格的大幅度上涨，因此它对消费者的食品消费支出所造成的影响微乎其微。总体上看，食品安全责任强制保险给消费者带来的利益将远大于其可能造成的不利影响。

当然，以上仅是对食品安全责任强制保险成本收益的简单化分析，其具体内容并不完全局限于此。同时，在对食品安全责任强制保险进行成本收益分析时，仍有许多难以进行量化测算和货币化处理，而只能采用定性分析的因素，如公平、安全、秩序、效率等。但显然，这些因素并不足以影响得出“食品安全责任强制保险能够为社会和相关主体带来净福利”的结论。总体上看，食品安全责任强制保险的制度利益具有经济性与合理性。

二、食品安全责任强制保险的比例原则分析

赋予公民基本权利，其本身就蕴涵着对抗国家权力对自由领域的不当侵害和限制，当国家权力侵害公民权利时，便需要借助比例原则来判断其是否适度、合比例（余凌云，2002）。对食品安全责任强制保险而言，国家在运用公权力推动其制度利益实现的同时，也在较大程度上限制了保险当事人的契约自由，因此，有必要根据比例原则，对国家公权力的运用是否适度、合比例进行分析，以对食品安全责任强制保险制度利益的实现手段是否适当作出客观评价。

（一）基于妥当性原则的考量

妥当性原则又称为适当性原则，它主要处理手段与目的之间的关系，强调的是公权力机关所采取的手段能够实现，或有助于实现特定的公共利益目标。如果所采取的措施无法达成既定目标，或者达成目标存在较大的困难，或者明显存在较大的不确定性，则该手段不具有妥当性。食品安全责任强制保险在性质上属于第三方保险。它可以通过发挥事前风险防范、

事中风险管理和事后风险补偿的保险功能，加强食品侵权责任风险管理，并对受害第三人进行及时救济。因此，将其作为加强食品侵权受害人保护的手段具有妥当性。

食品安全责任强制保险制度利益的实现，是建立在公权力运用的基础上的。它正是通过对契约自由的限制，最终实现消费者乃至被强制缔约者更大程度的自由。因此，食品安全责任强制保险对契约自由的限制，正是实现其制度利益的必然要求。如果我们承认平等公正是社会最合理的终极目标，那么，旨在建立更广泛平等的社会强制就具有正当理由（莱茵霍尔德·尼布尔，1998）。而从公权力行使的效果看，它在完全保留责任保险的属性和功能的同时，进一步强化了保险当事人的缔约义务，确保食品安全责任强制保险能够成为食品侵权损害救济的有效手段。强制责任保险的法律强制性进一步将责任保险的适用效果维持在可预见的规模化的保险准备金基础上，提升了社会公共利益保护的效果（贾林青，2014）。由此可见，食品安全责任强制保险中的公权力运用，符合妥当性原则的要求。

（二）基于必要性原则的考量

必要性原则所处理的是手段与手段之间的关系，它要求公权力机关从各种能达成目标的手段中选择效果最优、对公众利益损害最小的手段。当前，在侵权法之外，救济食品侵权受害人的手段主要包括责任保险、损害救济基金、社会保障制度和政府救济。

损害救济基金是指当社会成员因侵权行为或意外事故而遭受人身损害时，由专门设立的基金进行补偿和救济的制度。通过损害救济基金处理被侵权人的赔偿事宜，可以避免占用过多的公共资源而导致新的不公（张新宝和葛维宝，2011）。损害救济基金既可以由国家发起设立，也可以由某一行业内部的成员共同出资设立。虽然我国目前仍未出台关于损害救济基金的专门立法，但在实践中，我国已对损害救济基金进行了有益尝试。例如，在“三聚氰胺”事件中，除了一次性的损害赔付外，22 家责任企业还共同出资设立了医疗赔偿基金，用于报销患儿后遗症的治疗费用（李龙，2008）。但是，由于我国的损害救济基金尚处于探索阶段，再加上缺乏完

善的制度和立法作为保障，在短期内希冀通过其解决食品侵权损害救济问题并不现实。

社会保障制度是指以国家为主体，当社会成员遇到社会风险时维护其生存权并保障社会稳定的制度。在依靠社会保障制度实现侵权责任社会化的国家，通常在社会保障体系内设立专门的侵权损害补偿制度，并以立法的形式来保障其实施。因此，在立法确认的前提下，社会保障制度亦可以成为侵权损害救济的重要手段。例如，新西兰 1972 年的《意外事故赔偿法》规定，因缺陷产品、医疗事故、交通事故等意外事故而受到损害的，可以从国家设立的意外事故补偿委员会获得补偿（梁慧星，2010）。我国的社会保障制度旨在为因年老、疾病、工伤、失业、生育而面临困难的公民提供帮助，以保障其基本生活需要，维护社会稳定。显然，我国社会保障制度的宗旨并不在于解决侵权损害救济的问题，更何况，随着我国社会保障覆盖范围的不断扩大、补偿标准的不断提高，社会保障基金本身仍面临着较大的偿付压力，力图将侵权损害救济问题纳入社会保障系统并不具有可行性。由此，社会保障制度并不足以成为我国实现食品侵权责任社会化的可行路径。

另外，根据相关法律的规定，政府承担着社会救济的职责。但从食品侵权受害人救济的角度看，政府救济往往具有临时性和应急性特征。尽管其也能在一定程度上解决受害人救济的问题，但是，由于法律和制度的不完善，政府救济缺乏具有可操作性的规则。同时，通过政府救济的方式解决受害人救济问题，不仅会导致政府与市场之间的边界模糊，使政府承受着较大的财政压力，而且在客观上弱化了食品生产经营主体的社会责任意识，扭曲了社会价值观，不利于实现食品业的公平正义。

与其他救济手段相比，食品安全责任强制保险具有以下优点。第一，运作成本更低、效率更高、成长空间更大。食品安全责任强制保险的推行，可以充分利用保险公司现有的营业网点、人员及其他保险资源，运作成本较低。同时，作为商业保险，食品安全责任强制保险采取市场化运作的方式，运营效率更高，发展空间更加广阔。责任保险与风险分担原理有着更加灵活的结合点，费率杠杆的市场化导向使其更具有商业运作性，较之于其他制度拥有更加宽广的成长空间（张梓太和张乾红，

2006）。第二，除却食品侵权损害救济，食品安全责任强制保险能在一定程度上促使经营者主动控制食品侵权责任风险。有别于以事后救济为主要特征的损害救济基金，食品安全责任强制保险能将事前的食品侵权责任风险管理与事后的受害人损害救济完美结合于一体，并通过保险激励和约束机制的作用，促使投保人主动控制和降低食品侵权责任风险，进而有助于降低食品业总体的侵权责任风险。第三，能更好地解决食品侵权损害救济的资金来源问题。食品安全责任强制保险可以通过发挥其资金聚集功能，在市场上获得源源不断的资金，并通过保险公司专业的资金管理和资金运用，实现保值增值。因此，通过食品安全责任强制保险，更有利于实现食品侵权损害救济资金的稳定性和可持续性。第四，从实践的角度看，我国食品安全法律制度日趋完善，为食品安全责任强制保险的发展与运用提供了法律依据，再加上保险公司经过多年的经营，已积累了大量的责任保险运作经验，将食品安全责任强制保险运用于食品侵权损害救济具有现实基础。

由此可见，食品安全责任强制保险是各种侵权损害救济手段中效果最优且不会对公众利益造成损害的手段，其公权力运用符合必要性原则的要求。

（三）基于相称性原则的考量

相称性原则的核心要义在于利益权衡与平衡。它处理的是手段运用的结果与目的之间的关系，要求公权力机关对所保护的利益与可能造成的损害之间进行权衡：如果可能造成的损害大于所保护的利益，则不符合比例原则，该手段不应予以采用。在食品安全责任强制保险中，尽管当事人的契约自由因公权力的运用而受到限制，但是，其最直接的结果却是最大限度地保护了受害人利益和社会公共利益。对投保人（被保险人）而言，食品安全责任强制保险为其提供了一种以较低的保费支出为代价，获得相对较高保险保障的风险管理手段；而对保险人而言，食品安全责任强制保险也仅仅是一种业务经营活动，既可能为其带来经济利益，也可能发生亏损。但是，总体上看，食品安全责任强制保险既不会对其利益造成实质性损害，也不会对其生存权和发展权造成重大损害。因此，食品安全责任强制保险所保护的利益将远远大于其可能对当事人造成的损害，其中的公权力运用符合相称性原则的要求。

综上所述，食品安全责任强制保险中的公权力运用契合了妥当性、必要性和相称性的比例原则要求。其公权力运用不仅能够有效推动公共利益保护目标的实现，而且所采取的手段明显优于同类手段，所保护的利益也明显大于可能造成的损害。因此，食品安全责任强制保险制度利益的实现手段具有适当性。

三、食品安全责任强制保险的制度机理分析

制度机理是指为了实现特定的目标，相关要素在一定条件下相互作用的规则和作用原理。科学的制度机理，既是制度能够存续的客观基础，也是其制度目标得以实现的有效保障。就食品安全责任强制保险而言，其制度利益能否得到充分实现，归根到底取决于其制度机理是否科学，因此，通过制度机理分析，有助于对其制度利益的可实现性作出合理判断。

（一）责任保险的一般机理：责任社会化

根据传统的民法理论，行为人应对自己的行为承担责任，“民事责任即民事主体的个人责任，其私责任性体现在，它由责任人本人来承担”①。由于个人责任的基础在于个人行为的可责难性，即行为人故意或过失实施了损害他人权益的不法行为，因此，在传统意义上，过错是侵权责任认定的核心要素；行为人是否应承担侵权责任，归根到底取决于其主观上是否存在过错，无过错即无责任。然而，随着社会化大生产的发展，工业活动及其他危险活动所带来的损害和威胁大量增加，在许多情形中，即使行为人尽到了谨慎注意义务，损害的发生仍难以避免，以过错为基础的责任认定机制已难以应对工业社会发展所带来的诸多问题。面对现代侵权事故所带来的挑战，侵权法的理念和规则都发生了重大变化。它主要表现在：危险责任、严格责任作为归责原则的出现，过错认定标准客观化，免责事由

① 高富平．民法学［M］．北京：法律出版社，2009：14.

的限定更加严格，客观归责的发展与主观归责的衰落，因果关系推定的发展等（王利明，2009）。虽然侵权法的自我调适在一定程度上顺应了现代社会发展的客观要求，但在根本上，其以“加害人—受害人”为中心的损害赔偿结构并未发生改变。在这完全封闭的两级格局中，如果加害人缺乏足够的赔偿能力，受害人救济依然难以实现。在工业社会中，侵权损害不再源于个人过错，而是经济过程的必然结果，因此应由社会而非个人来承担损失（刘士国，1998）。与之相对应，只有在传统的侵权损害救济模式之外建立责任社会化的救济机制，才能为受害人保护提供坚实的物质基础。

责任保险的实质在于，以保险人为媒介，将本应由被保险人承担的侵权赔偿责任转移给风险共同体共同分摊；当侵权责任发生并造成损害时，由风险共同体共同对受害人承担赔偿责任。责任保险的发展，对侵权损害救济产生了重要影响。首先，它改变了加害人个人责任的救济模式，实现了受害人的社会化救济。责任保险在将事故成本在广大社会公众之间分散的同时，也提供了保护受害人免受侵害的工具（格哈特·瓦格纳，2010），使受害人得以通过风险的社会分摊机制获得有效救济。其次，它对传统侵权法产生了积极影响。在与侵权法的协同作用过程中，责任保险有效增强了侵权法的补偿功能，使侵权法所确定的归责原则得以落到实处，并使侵权损害救济体系得到不断完善和发展。同时，责任保险也对侵权法的理念和规则产生了重要影响。在责任保险的影响下，侵权责任分摊的理念逐步融入侵权法的理念和规则中，并推动侵权法愈发朝着加强受害人保护的方向发展。最后，责任保险推动了行为自由与受害人保护之间的平衡。尽管过错责任原则在一定程度上实现了行为自由与受害人保护之间的平衡，但是，这是一种以主观自我控制为核心的责任风险管理模式，行为人要想避免承担不利的法律后果，必须避免主观过错的出现。显然，这是行为人所无法预知和有效控制的。而与之相比，责任保险是一种客观的制度安排。它通过风险转移和分散的保险机制设计，增强了行为人对其行为后果的可预见性和确定性，更好地实现了行为自由与受害人保护之间的平衡。由此可见，责任保险制度机理在于责任社会化，它是实现责任风险社会化分摊的重要路径。

（二）食品安全责任强制保险的特殊机理：责任社会化路径的优化

作为责任风险管理的重要路径，责任社会化本身并不排斥国家干预。在现实生活中，无论是社会保障制度，还是由国家牵头建立的损害救济基金，无不体现了国家对责任社会化的干预。但是，国家对责任社会化的干预也并非任意的。市场合作失效是国家干预的前提，其目的是形成有利于市场机制运行的新的市场关系，而非取代市场（高红梅，2014）。在责任保险市场正常运转的情况下，国家并无对其进行干预的必要，但是，一旦出现市场失灵，并导致重大公共风险无法通过责任社会化的方式加以管理时，国家即可以对其施以必要干预，强制责任保险由此得以形成。在此意义上，食品安全责任强制保险是国家对责任社会化进行干预的结果，其目的在于通过赋予相关主体缔结保险契约的法定义务，确保责任保险的责任社会化功能得到实现，进而更好地保护受害人和社会公共利益。虽然食品安全责任强制保险的制度机理依然体现为责任社会化，但由于国家干预的介入，其又呈现出与任意责任保险不同的特征。一方面，从责任社会化形成的基础看，任意责任保险关系的建立完全取决于当事人的自由意志；一旦双方无法达成合意，则其责任社会化功能将无法发挥。而食品安全责任强制保险关系的建立，完全依靠立法的强制力，因此，与任意责任保险相比，它更能确保责任社会化路径的形成和责任社会化功能的发挥。另一方面，从责任社会化的内容看，任意责任保险的内容主要由保险人单方决定，投保人往往只享有接受与否的权利。此时，如果保险合同的内容缺乏公平性与合理性，将对其责任社会化的效果产生不利影响。但对食品安全责任强制保险而言，为了实现其加强受害人保护的目标，国家不仅对保险当事人的缔约自由加以限制，而且对保险合同的内容加以限制。这无疑将大大提高责任社会化的效果，使责任保险在食品侵权责任风险管理中的作用得到更好发挥。据此，食品安全责任强制保险的制度机理集中体现为责任社会化路径的优化。

通过责任社会化路径的优化，食品安全责任强制保险进一步强化了保险主体具体利益和社会公共利益之间的联系，使受害人保护具有更加坚实的制度保障。因此，食品安全责任强制保险的制度利益具有可实现性。

第三节　食品安全责任强制保险的冲突性利益衡量

冲突性利益衡量是指对相互之间存在冲突关系的主体利益进行权衡和判断，并确定其法律保护位阶的活动。从总体上看，食品安全责任强制保险中的利益冲突包括投保人（被保险人）与保险人之间的利益冲突、被保险人与第三人之间的利益冲突、保险人与第三人之间的利益冲突。这也构成了食品安全责任强制保险冲突性利益衡量的主要内容。

一、投保人（被保险人）与保险人的冲突性利益衡量

根据食品安全责任强制保险的利益识别，投保人（被保险人）与保险人分别代表了两种不同的利益。由于双方的法律地位平等，如果仅从表面看，似乎应将其利益保护置于相同的法律位阶上，但是，“当存在两种不同利益时，一种利益的满足必须排除另一种利益的满足”[①]，因此，有必要对其作进一步的比较与权衡，以更好地协调和处理其利益冲突。

在食品安全责任强制保险合同订立和履行的过程中，投保人（被保险人）与保险人处于实质不对等的地位上。这既是其利益冲突发生的根本原因，也是对其利益加以协调与平衡的主要依据。

首先，在订立食品安全责任强制保险合同时，保险人处在相对不利的地位。一方面，在缔约时，投保人享有更大的缔约选择权。作为“经济人”，投保人总是希望能以更低的保费获得一定的保险保障；而保险人则希望能在正常或较低的风险条件下承保，并将承保风险控制在特定的范围之内。虽然食品安全责任强制保险赋予了双方缔约的法定义务，但是，在缔约过程中，投保人可以在适格的保险人中任意选择缔约对象；当投保人因食品安全风险评估或保险费率问题而未能与某保险人达成一致时，还可

① 肯尼思·基普尼斯. 职责与公义——美国的司法制度与律师职业道德［M］. 徐文俊译. 南京：东南大学出版社，2000：67.

以向其他适格的保险人重新投保。在食品安全责任强制保险市场竞争相对充分，以及食品安全风险评估存在不同结论的情况下，投保人依然能够与其他保险人建立保险合同关系。但对保险人而言，其并无任意选择投保人的权利，只能根据投保人的食品安全风险状况被动地选择承保条件。如果保险人严格拘泥于“正常”或“较低”的风险条件，投保人将转向其他适格保险人投保。另一方面，在缔约时，信息不对称对保险人所造成的负面影响更大。虽然食品安全责任强制保险增加了国家干预的因素，但保险当事人之间的双向信息不对称并未因此而消除。对保险人而言，如果投保人不愿意积极配合其食品安全风险评估，或者为了降低投保成本而故意隐瞒其真实的风险状况，保险人将无法准确获悉投保人的风险状况，并将因此而承担较高的承保风险。而从投保人的角度看，或许其依然难以完全理解保险条款的准确含义，但由于强制责任保险的法定强制性和公益性，国家往往规定其保险条款由独立于保险人之外的第三方统一制定，因此，投保人因格式合同而导致利益损害的可能性将大大降低。由此可见，在缔约时，信息不对称对保险人所造成的不利影响将明显大于投保人。

其次，在履行食品安全责任强制保险合同的过程中，保险人利益相对更容易受到损害。一方面，为了彰显强制责任保险对受害人的保护，立法往往赋予保险人较为严格的保险责任，只要发生保险事故并造成被保险人或第三人损害，保险人即应在保险责任限额内进行赔偿。即使不属于保险责任范围内的事故，保险人亦可能需要承担“垫付”性质的救济责任。关于这一点，可以从交强险的实践中得到证实。另一方面，虽然被保险人承担着保障食品安全的义务，但由于信息不对称，保险人必须付出较高的监督成本，方能对被保险人履行义务的情况进行有效监督；一旦保险人因疏于监督而无法发现被保险人的败德行为，其合法权益即有可能受到损害。据此，在保险期间，被保险人利益保护通常不存在过多的障碍；而保险人则需要付出高昂的成本，才能有效监督被保险人和降低承保风险，其维护自身合法利益的难度明显高于被保险人。

总体上看，在投保人（被保险人）与保险人的利益关系中，保险人处于相对不利的地位。因此，应通过特定的利益平衡规则设计，对投保人（被保险人）的行为进行约束，以防范其逆选择和道德风险，并加强对保险人利益的保护，以更好地实现保险人与投保人（被保险人）之间的利益平衡。

二、被保险人与第三人的冲突性利益衡量

被保险人与第三人的利益关系和利益冲突因食品交易而发生。在食品交易过程中，虽然被保险人与第三人具有平等的法律地位，但是，由于受到信息不对称、交易的必要性、分散消费等因素影响，作为消费者的第三人始终处于弱势地位，根本无力与被保险人进行实质公平的交易。当被保险人所提供的食品不符合特定的安全标准时，其与第三人的利益冲突将不可避免地发生。从双方进行食品交易的动机看，被保险人旨在通过食品交易获得一定的经济利益，而第三人参与食品交易的目的则在于满足基本的生活需要。从法理上看，作为从事商事经营的市场主体，被保险人在追求经济效益的同时，理应承担比非营利性主体更高的注意义务和法律责任。反映到食品交易关系中，被保险人应对第三人承担严格的食品安全保障义务，并确保第三人因不符合安全标准的食品而受到损害时能够得到及时的救济。由此，矫正食品交易双方的地位和利益失衡，并对第三人利益进行倾斜性保护便成为立法的必然选择。在市场经济中，只有适当增加强势一方的义务，才能防止其利用自己的优势谋取不合理利益，对交易中弱势一方的正当利益造成损害（薛克鹏，2005）。而食品安全责任强制保险正是国家达成此目标的重要手段。通过赋予食品生产经营者投保食品安全责任强制保险的义务，有利于增强其赔偿能力，并在一定程度上调整和修复失衡的食品交易关系，推动食品交易实质平等和公平的实现。

尽管在被保险人与第三人的利益权衡中，第三人利益应当得到优先保护，但是，当食品安全事故发生时，如果缺乏被保险人的协调与配合，第三人利益保护依然难以落到实处。一方面，由于第三人并非食品安全责任强制保险的当事人，再加上信息不对称，如果缺乏被保险人的协助，第三人将无从知晓食品安全责任强制保险的相关情况，也无法向保险人进行索赔。另一方面，即使第三人能够获悉食品安全责任强制保险的有关情况，在索赔时也离不开被保险人的协助。由于第三人与保险人之间既不存在侵

权责任关系，也不存在保险合同关系，当食品安全事故发生并导致第三人损害时，通常先由被保险人对第三人承担赔偿责任，再由保险人对被保险人进行保险赔偿，或者先由保险人对被保险人承担保险责任，再由被保险人将保险赔款转交给第三人。在此过程中，如果被保险人拒绝承担赔偿责任，或怠于履行赔偿义务，或将保险赔款挪作他用，第三人将难以得到及时救济。由此可见，在被保险人与第三人的利益冲突中，第三人明显处在更加不利的地位，对第三人利益的保护应优先于对被保险人利益的保护。在进行食品安全责任强制保险的制度规则设计时，应赋予被保险人维护第三人利益的义务，并对其保险权利的行使加以约束，以加强第三人利益保护，更好地实现双方之间的利益平衡。

三、保险人与第三人的冲突性利益衡量

保险人与第三人的联系主要源于强制责任保险的制度性安排。在保险人与第三人的利益关系中，必须优先保护第三人利益。究其原因，第三人的范围极其广泛，对第三人整体利益的保护便是对公共利益的保护；即使是对分散的、个别的、具体的第三人利益进行优先保护，也有利于促进公共利益的实现。一项制度或政策之所以得到确认，是因为它保护和促进了公共利益，即属于共同体内任何成员的利益（Theodore M. Benditt，1973）。就食品安全责任强制保险而言，其优先保护第三人的意义在于保护和促进全体社会成员所共同享有的食品安全利益，并使所有人从中受益。食品安全利益是被法律所确认和保护的合法利益。根据相关法律的规定，食品生产经营者应保证其生产和销售的食品符合特定的安全标准。对消费者而言，这一利益便是食品安全利益。它因食品不符合特定的安全标准而发生减损或丧失。尽管食品种类繁多、生产加工和消费方式多样，但其中所隐含的食品安全利益并无实质性差别，不仅性质相同、内涵一致，而且可以被全体社会成员所平等享有。在人人皆为食品消费者、人人皆有可能成为食品侵权受害人的情况下，食品安全利益已不再局限于特定的消费者个体或群体，而是与社会公共利益紧密相关。在此意义上，食品安全责任强制保险对第三人利益的优先保护，彰显了强制责任保险的本质属性和价值取

向，具有正当性基础。

在优先保护第三人利益的同时，应充分考虑保险人利益的保护。作为独立的市场经营主体，保险人享有合法的权利和利益。如果忽视了其利益保护、严重损害了其利益，甚至对其生存权造成重大不利影响，不仅社会公平正义将无从体现，而且食品安全责任强制保险加强第三人保护的目标也将难以实现。据此，在进行食品安全责任强制保险的制度规则设计时，应建立保险人利益保护的机制和规则，使保险人得以通过相关权利的行使，有效维护自身的合法利益。只有在优先保护第三人利益的基础上，合理兼顾保险人利益的保护，才能形成相对稳定的利益关系和利益格局，并推动相关主体利益平衡的实现。

第四节　食品安全责任强制保险的利益平衡机制

食品安全责任强制保险利益衡量的终极目标在于推动相关保险主体利益平衡的实现。相应地，在利益权衡和比较的基础上，应进一步建立食品安全责任强制保险的利益平衡机制，推动相关主体利益平衡的实现。这些机制主要包括国家权力与保险主体权利的平衡配置、保险主体权利和义务的平衡配置，以及国家权力与保险主体义务的平衡配置。

一、国家权力与保险主体权利的平衡配置

食品安全责任强制保险是国家干预与市场自治相结合的重要形式。它通过国家权力的运用，对当事人的契约自由和缔约内容进行干预，以实现对第三人利益和社会公共利益的有效保护；同时，通过赋予保险主体特定的权利，使市场机制得以在一定程度上发挥作用。因此，对国家权力与保险主体权利进行平衡配置，是食品安全责任强制保险的应有之义。

在市场经济条件下，国家权力干预经济生活的正当性基础在于保护社会公共利益。国家干预本身是一种调整社会关系的活动，其理由是客观上已经存在的社会关系或社会矛盾已经威胁到社会秩序，需要国家运用法律

方法或其他方法进行平衡（薛克鹏，2005）。在食品安全责任强制保险中，对受害人利益的保护便是对社会公共利益的保护，因此，对国家权力进行合理配置，其根本目的便在于加强社会公共利益保护。食品安全责任强制保险中的国家权力运用并非毫无边界的，它必须被限制在一定的范围和一定的程度上，并以必要性与适度性为界限。因为在市场经济条件下，市场是保险资源配置的决定性力量，只有为市场机制作用的发挥留有足够空间，才能有效弥补国家权力运用的不足，推动食品安全责任强制保险的健康发展，并为相关主体利益的平等保护奠定基础。而市场机制作用的发挥，必须以保险主体权利的合理配置为前提。因此，对国家权力与保险主体权利进行平衡配置，不仅有利于实现食品安全责任强制保险加强受害人保护的目标，而且有利于合理兼顾其他保险主体的利益保护。

二、保险主体权利和义务的平衡配置

食品安全责任强制保险主体的利益保护，必须以相关主体权利义务的平衡配置为前提。只有赋予相关保险主体特定的权利，才能为其享有和实现利益创造必要条件；同时，只有使其相对方承担相应的义务，才能为其权利的实现奠定基础。

保险主体权利和义务的平衡配置首先表现在权利的平衡配置上。对保险主体而言，其有着不同的利益诉求，更有着不同的利益保护位阶，因此，在进行食品安全责任强制保险的制度规则设计时，应根据不同保险主体利益保护的客观需要，分别赋予其不同的权利；同时，应当对其权利的行使进行必要的约束，以避免其权利滥用，对其他保险主体的利益造成损害。另外，权利义务的平衡配置还意味着权利和义务的对等配置。在食品安全责任强制保险法律关系中，相关主体在享有权利的同时，也应履行一定的义务；并且，各保险主体间的权利义务具有相互对称性，一方的权利即是另一方的义务，反之亦然。由于权利与义务互为条件，权利的实现离不开义务的履行，因此，在进行食品安全责任强制保险的制度规则设计时，如果仅仅赋予相关保险主体特定的权利，而缺乏对其相对方义务的规定，则权利的实现便失去了保障。据此，只有对食品安全责任强制保险主体的权利和义务进行平衡配置，才能有效保护相关保险主体的利益，并推动其利益平衡的实现。

三、国家权力与保险主体义务的平衡配置

国家权力与保险主体义务之间存在着紧密联系。国家权力在对保险法律关系进行干预的同时，也为相关保险主体设定了积极或消极的义务，其目的在于加强社会公共利益和相关保险主体利益的保护。对保险主体而言，只有严格履行国家所赋予的义务，才能避免承担不利的法律后果。"国家权力可以为个人设定义务。它要求个人在行使权利时应与他人及社会的整体利益相协调，并为维护社会的基本秩序而积极履行一定义务。"① 因此，国家权力与保险主体义务的平衡配置，应成为实现食品安全责任强制保险主体利益平衡的重要机制。

在食品安全责任强制保险中，国家权力运用集中体现为国家通过特定的保险规则设计，对保险当事人的缔约自由和契约内容进行干预，使第三人能够得到保险合同的切实保障。对保险当事人而言，只有严格依照相关保险规则订立和履行食品安全责任强制保险合同，方能避免不利的法律后果。由于国家权力运用将对相关保险主体利益产生重要影响，因此，在进行相关保险规则设计时，应确保其正当性与合理性。同时，应当对相关保险主体的义务作出明确规定，以对其行为形成约束，并增强国家权力运用的效果。

第五节　本章小结

法律制度的创建总是为一定的利益和利益关系调整服务的。在对食品安全责任强制保险制度进行考量时，首先应对其所涉及的利益、利益关系和利益格局进行分析。对此，立法利益衡量理论提供了重要的方法论。

---

① 杨心宇．法理学研究：基础与前沿［M］．上海：复旦大学出版社，2002：29－30.

通过利益和利益关系识别分析可知，食品安全责任强制保险所涉及的利益包括制度利益、投保人（被保险人）的具体利益和群体利益、保险人的具体利益和群体利益、第三人的具体利益和群体利益，以及社会公共利益。通过成本收益分析可知，食品安全责任强制保险能够为社会和相关主体带来净福利，其制度利益具有经济性与合理性；通过比例原则分析可知，食品安全责任强制保险所涉及的公权力运用契合了妥当性、必要性和相称性的比例原则要求，其制度利益的实现手段具有适当性；同时，通过制度机理分析可知，食品安全责任强制保险在制度机理上体现为责任社会化路径的优化，其制度利益具有可实现性。再从食品安全责任强制保险冲突性利益衡量的角度看，无论是投保人（被保险人）与保险人、被保险人与第三人，或保险人与第三人之间均存在利益冲突。对此，应优先保护第三人利益，并注重保护保险人利益和合理兼顾投保人（被保险人）利益。

为了更好地推动相关保险主体的利益平衡，应通过国家权力与保险主体权利的平衡配置、保险主体权利和义务的平衡配置，以及国家权力与保险主体义务的平衡配置，使食品安全责任强制保险的利益平衡机制得以建立，为相关主体的利益平衡，以及相关制度规则的设计和立法体系的完善创造条件。

食品安全责任强制保险的制度规则设计

我国食品安全责任强制保险的实践表明，只有建立完善的保险制度规则，才能为其制度的推行创造有利条件。而保险制度规则的设计总是基于一定的理念，并为实现一定的目标服务，因此，在进行食品安全责任强制保险的制度规则设计时，应以其基本理念为依据，对国家权力和保险主体的义务、保险主体的权利和义务，以及国家权力和保险主体的权利进行平衡配置。

第一节　食品安全责任强制保险的基本理念

基本理念是指贯穿于制度创制和实施过程中的指导思想和价值观念，它主要通过制度规则的内容得到体现。将食品安全责任强制保险的基本理念内化于其制度构建过程中，有利于建立科学而良善的法律制度，并更好地实现其应有的价值和功能。食品安全责任强制保险的基本理念包括以受害人保护为中心的理念、政府适度干预与市场化运作相结合的理念，以及利益兼顾与平衡的理念。

一、以受害人保护为中心的理念

传统责任保险是管理责任风险和保护被保险人利益的有效手段。随着民事立法愈发重视对受害第三人的保护，责任保险的理念和功能也发生了深刻变化，逐步从填补被保险人的损失向救济受害第三人转变。相应地，保护受害第三人利益成为责任保险重要的价值取向。然而，随着经济社会的发展，重大不确定性风险所带来的威胁日益严重，完全依托于市场机制运行的责任保险已不足以保障其保护受害第三人目标的实现。为了有效应对特定领域的公共风险，更好地保护受害人，责任保险被国家赋予了法定强制性，强制责任保险由此得以形成和发展。它充分反映了国家加强受害人保护的公共政策意图，同时也有效契合了“以人为本”的价值理念和加强人权保护的法治精神。因此，以受害人保护为中心，既是强制责任保险的正当性基础，也是其生命力之所在。对食品安全责任强制保险而言，只有确立以受害人保护为中心的理念，才能真正体现其强制保险的本质属性和内在要求，也才能彰显其存在的意义和价值。同时，只有确立以受害人保护为中心的理念，才能为食品安全责任强制保险的制度规则设计提供确定性指引，确保其制度构建朝着有利于受害人保护的方向发展。

二、政府适度干预与市场化运作相结合的理念

从“试点”的情况看，食品安全责任强制保险采取了由商业保险机构统一经营的模式。其优点在于，通过市场化运作，充分发挥商业保险机构在营业网点、专业人员和经营管理上的优势，使食品安全责任强制保险的运营成本得到有效控制，运行效率得到有效提高。但是，在市场经济条件下，保险人必然有着强烈的逐利动机，如果不对其行为施以必要的约束和干预，将对食品安全责任强制保险公益性目标的实现产生不利影响。因此，只有将政府适度干预与市场化运作有机结合起来，才能在提高食品安全责任强制保险运作效率的同时，更好地实现其保护受害人的目标。关于这一点，已被大陆法系国家和地区的强制保险实践所证明。例如，在新加坡、德国等强制保险相对发达的国家，强制保险都采取了商业化运作的模式，保险条款完全由市场自行决定，保险公司均可以自由参与市场竞争，政府只负责对保险条款和保险费率进行指导和监管（肖振宇和唐汇龙，2013）。虽然这并不意味着我国应直接照搬其做法，但在我国政府简政放

权和建立政府权力清单的背景下，这一模式无疑为食品安全责任强制保险提供了有益借鉴。为此，在食品安全责任强制保险制度规则设计的过程中，应确立政府适度干预与市场化运作相结合的理念。通过相应的保险规则设计，进一步明确保险人的市场主体地位，并对政府的权责边界加以清晰界分，使政府无须再承担本属于市场主体的责任和风险；同时，也能够对保险人形成有效的竞争激励：唯有以市场机制为导向，不断推动保险产品、服务和管理创新，才能在实现食品安全责任强制保险公益性目标的同时，取得一定的经济效益，在市场竞争中立于不败之地。

三、利益兼顾与平衡的理念

在多元社会中，法治否定绝对化和极端化的社会资源分配方式和社会管制模式。只有在各方妥协基础上制定的法律和建构起来的法治秩序，才能得到更大程度的认同、遵守和维护，法律的权威才能确立（高其才，2006）。在食品安全责任强制保险制度构建过程中，如果过于片面地强调受害人利益保护，而忽视了对其他保险主体利益的合理兼顾与平衡，其公益性目标将难以实现，因为“公共利益往往很难成为公众参与行政过程的动力，只有特殊利益才可能成为公众参与的动力”①。虽然强制责任保险的社会效益主要体现为对第三人利益的保护，但社会效益的立法取向并不从根本上排斥保险人的营利性动机（郭峰等，2009）。从保险人的角度看，经营食品安全责任强制保险必将耗费大量的人力、物力和保险资源，如果缺乏一定的利益诱导和激励，必然难以长久维系其经营食品安全责任强制保险的积极性。我们难以找到硬性强制商业性保险人担当公益性保险业务的法理依据，难以找到政府在不给予保险业任何补贴的情况下，实现国家保护受害人利益这一公共政策目标的同时，却让保险人承担“不盈不亏”和为国家“买单”的营业代价（韩长印，2012）。相应地，在加强受害人利益保护的同时，应合理兼顾保险人的利益保护，避免其因食品安全责任强制保险而受到较大损失。此外，还应充分考虑其他保

① 张康之．对“参与治理”理论的质疑［J］．吉林大学社会科学学报，2007（1）：83-89.

险主体的利益保护。只有确立利益兼顾与平衡的理念，才能为食品安全责任强制保险的制度规则设计奠定合理性基础，才能更好地发挥其应有的制度功能。

第二节　基于权力和义务平衡的保险规则设计

为了实现食品安全责任强制保险的公益性目标，国家必须通过公权力的运用，对相关保险主体的自由意志和行为加以必要限制；对相关保险主体而言，则应切实履行法定的义务，否则，将承担不利的法律后果。相应地，权力与义务的平衡配置，既是“以受害人保护为中心”理念的充分体现，也是食品安全责任强制保险制度规则设计的重要依据。在食品安全责任强制保险中，权力与义务平衡的制度规则主要包括确定投保人的规则、确定保险责任范围的规则、确定保险费率的规则、确定除外责任的规则等。

一、食品安全责任强制保险投保人的确定

投保人的确定，不仅会对食品业的发展产生重要影响，而且会对食品安全责任强制保险制度目标的实现产生重要影响，因此，它必须由国家通过立法予以统一规定。对于被纳入投保人范围的食品生产经营主体，则应积极履行投保的法定义务。由于不同的食品细分行业在食品安全风险上存在较大差异，只有先确定需要强制投保的食品细分行业，才能为食品安全责任强制保险投保人的确定奠定合理性基础。

（一）强制投保的食品细分行业的确定

综观我国的强制责任保险实践，其强制投保范围的确定主要有以下两种模式。第一，全面强制模式。即在立法上，对各主体的风险程度不加以区分，在全国范围内的所有风险主体都必须依照法律的规定投保强制责任保险，否则就要承担不利的法律后果。其典型代表是交强险。由于在道路

上行驶的各类机动车均有可能造成严重的侵权损害后果，并且在客观上无法对其合格驾驶人的侵权责任风险作出不同区分，因此我国法律规定，在道路上行驶的机动车的所有人或者管理人，都应当投保交强险，否则，将面临扣留机动车、罚款等行政处罚。[①] 该模式的优点在于，能较好地实现全国范围内的立法统一；而其缺点则在于，难以有效兼顾地区差异和社会公平。第二，部分强制模式。即根据各主体的责任风险差异及可能造成损害后果的大小进行区分，在立法上仅将具有较高风险及可能造成严重损害后果的主体纳入强制投保的范围，对于其他较低风险的主体，则不受此约束，亦无须承担投保的法定义务。其典型代表是环境污染强制责任保险。根据《环境污染强制责任保险管理办法》的规定，承担投保环境污染强制责任保险义务的主体仅限于从事环境高风险生产经营活动的企事业单位或其他生产经营者，其他企业无须承担投保环境污染强制责任保险的法定义务。这一模式的优点在于将政策的统一性与灵活性有机结合起来，既对全国范围或特定区域范围内具有共性特征且有必要纳入强制投保范围的情形作出了统一规定，又兼顾了地区差异或不同主体之间的责任风险差异，使强制责任保险得以更好地发挥其在风险管理中的作用。

从我国食品业及保险市场的发展现状看，将所有的食品细分行业，即整个食品业纳入食品安全责任强制保险的强制投保范围，将面临诸多难题。首先，不同的食品细分行业，在社会影响范围、大规模侵权责任风险、重要性程度等方面均存在较大差异，如果将其不加区别地全部纳入食品安全责任强制保险的强制投保范围，将直接提高整个食品业的准入门槛，不利于食品业的创业和创新发展；同时，经过价格传导机制的作用，因投保食品安全责任强制保险而增加的经营成本将进一步转嫁给全体消费者，导致食品价格水平的总体上涨和公众食品消费支出的增加，并可能对社会困难群体的生活造成不利影响。因此，将整个食品业纳入食品安全责任强制保险的强制投保范围，既无必要，也缺乏现实基础。其次，将使保险人面临高昂的成本、极高的赔付率和较大的亏损风险。将整个食品业纳入食品安全责任强制保险的强制投保范围，一方面，将远远超出保险人的

① 参见《机动车交通事故责任强制保险条例》第二条、第三十九条。

业务承载能力，并将严重挤占现有的保险资源。将整个食品业纳入食品安全责任强制保险的强制投保范围，无异于将食品业的侵权责任风险全部转由保险业承担。而由于受到有限的人力、物力和保险资源的限制，保险业不仅难以满足食品安全责任强制保险的业务经营需要，而且无法满足整个食品业的侵权责任风险管理及保险赔付需要。另一方面，由于食品生产经营主体的数量极其庞大和分散，再加上食品安全责任风险的复杂性，对其进行有效监控的难度极大。而基于食品安全责任强制保险的公益性，保险人在开展业务经营时只能适用统一的、非市场化的、较低的保险费率。因此，将整个食品业纳入食品安全责任强制保险的强制投保范围，必然使保险人面临较高的亏损风险。这无疑是公权力对市场的过度干预和对市场主体利益的严重损害，在法理上亦缺乏正当性基础。据此，在确定我国食品安全责任强制保险的强制投保范围时，应选择适用部分强制模式，将强制投保范围限定在特定的食品细分行业上，以更好地应对实践中可能出现的问题，提高食品安全责任强制保险的实效性。

立足于我国的保险市场，强制保险实质上是对契约自由的限制，不应当成为市场活动的普遍现象，而应当适用于需要政府的社会公益政策施加影响和干涉的特定情况（贾林青，2012）。为了将强制投保的负面效应和不利影响降至最低，在确定食品安全责任强制保险的强制投保范围时，应充分考虑各食品细分行业的重要性。对于涉及人群范围广、消费数量大、与公众生活联系紧密，且引发大规模侵权可能性较高的食品行业和领域，应优先纳入食品安全责任强制保险的强制投保范围。具体地说，可以从以下四个方面确定食品安全责任强制保险的投保人范围。第一，从国家的层面，可以在总结各地“试点”经验，并充分听取食品行业协会、大中型食品企业、消费者意见的基础上，确定应予以强制投保的食品细分行业。当前，可以考虑将婴幼儿配方食品、餐饮服务连锁企业、学校食堂、农村集体聚餐提供者、集体用餐配送单位等容易导致大规模侵权事件发生的食品细分行业纳入强制投保的范围。第二，对于具有地方特色的食品细分行业，应授权地方自行决定是否将其纳入强制投保范围，并通过地方性法规、地方性规章或者规范性文件来予以明确。第三，对于当前尚不适合纳入强制投保范围，但将来条件成熟时有必要予以强制投保的食品细分行业，可以设置一定的过渡期，以向相关主体表明政策意图，增强其预期，促使其积极创造条件投保。第四，强制投保的食品细分行业具有相对性。只有根据食品行业的发展及食品安全责任风险的动态变化进行适时调整，才能确保强制投保范围的科学性与合理性。

（二）食品安全责任强制保险投保人的确定

客观上，即使食品生产经营者处于同一食品细分行业，其在生产经营规模、经营成本、责任风险等方面亦存在较大差异，有必要对其予以区别对待。因此，在确定强制投保的食品细分行业后，还需要进一步确定该行业内承担法定投保义务的投保人范围。通常情况下，生产经营规模越大的食品企业，与公众生活的紧密联系程度越高，发生食品安全事故后所造成的损害后果也越严重。相应地，食品生产经营规模或营业额应成为确定食品安全责任强制保险投保人的一个重要依据，达到一定规模或营业额的食品生产经营主体应成为食品安全责任强制保险的投保人。从我国食品业发展的现状看，生产经营规模或营业额不应成为确定食品安全责任强制保险投保人的唯一标准。据不完全统计，2015 年，在全国 1180 万家获得许可证的食品生产经营企业中，规模绝大部分在 10 人以下，小微企业和小作坊占全行业的 90% 以上（陆悦，2017）。可以预见的是，在将来的一定时期内，我国食品市场仍将呈现出以小微型生产经营主体为主、大中型企业数量偏少、市场竞争结构离散的状况。在这种以“小、弱、散”为主要特征的市场格局下，如果将投保人范围严格限定在一定规模或营业额以上的食品生产经营主体，必然会导致投保人数量过少的局面发生，既不利于保险人运用大数法则来管理食品安全责任风险，也不利于食品安全责任强制保险的健康发展；同时，还可能将部分未达到一定规模或营业额，但社会影响范围较广、重要性程度较高、潜在责任风险较大的食品生产经营主体排除在食品安全责任强制保险的投保人范围之外，不利于实现食品安全责任强制保险加强受害人保护的制度初衷。因此，在确定食品安全责任强制保险的投保人时，既要以生产经营规模和营业额为依据，又不能完全拘泥于表面上的数据，而应当以客观上有利于加强大规模食品侵权责任风险管理为标准。此外，根据《食品安全法》加强对有不良信用记录食品生产经营

者监督的精神，并借鉴环境污染强制责任保险的立法经验，[①] 对于近年来发生过涉及人数较多或损害后果较严重的食品安全事故的食品生产经营者，亦应纳入食品安全责任强制保险的投保人范围。

有学者认为，为了促进责任风险分担、提高食品业的风险控制水平，应将食品生产、销售、仓储、邮寄、运输、保管等各环节的经营者全部列为负有强制投保义务的主体（于海纯，2015）。对此，本书认为，随着专业化分工的深入发展，仓储、邮寄、运输、保管等均已发展成为重要的行业，如果仅因其业务范围涉及食品业而强制其投保食品安全责任强制保险，有过度扩大投保人范围之嫌疑，也缺乏正当性基础。因为根据我国侵权法的相关规定，需要对消费者直接承担侵权责任的主体是缺陷产品的生产者和销售者，不包括其他环节的主体；从法理上看，受害人与仓储、邮寄、运输、保管等环节的经营主体之间并不存在直接的法律关系。因此，应将强制投保的对象限定为食品的生产者和销售者，以实现食品安全责任强制保险与侵权法之间的有效对接。

此外，对于小微型食品企业、小作坊、小摊贩等食品生产经营主体，本书认为，不宜将其纳入食品安全责任强制保险的投保人范围，因为与拥有较强成本控制能力和定价能力的大中型食品企业相比，小微型食品企业、小作坊、小摊贩等食品生产经营主体的生产经营规模较小、成本控制能力较弱、定价能力缺失，如果将其纳入食品安全责任强制保险的投保人范围，将明显提高其生产经营成本，弱化其市场竞争能力，不利于其生存和发展；并且，“简单的生产环境、简陋的生产设施、低技术含量的生产过程，加之低素质的操作人员，给保险人的危险控制提出了难题；生产成本的高度控制、对食品安全责任保险费的低承受能力，给强制保险的推行造成了障碍”[②]。

当然，食品安全责任强制保险的投保人范围并非一成不变的。只有立足于我国食品业发展的实际，因地制宜地确定食品安全责任强制保险的投保人范围，才能充分发挥其制度功能，更好地满足各地在不同时期的食品

① 参见《食品安全法》第一百一十三条和《环境污染强制责任保险管理办法》第五条。

② 潘红艳，徐卫东．论食品安全强制责任保险的制度构建［J］．社会科学战线，2014（8）：205．

安全治理需要。

二、食品安全责任强制保险责任范围的确定

保险责任范围指保险事故发生并导致被保险人或第三人损害后，保险人承担保险赔偿责任的范围。保险责任范围是决定保险人是否承担保险责任的主要依据。如果保险事故及其所造成的损失属于保险责任范围，保险人须承担相应的赔偿责任，反之则无须承担保险责任。为了实现食品安全责任强制保险加强受害人保护的目标，其保险责任范围应由国家统一作出规定，保险当事人不得依其自由意志任意约定。

（一）强制责任保险责任范围的“异质性”

基于公共利益的政策考量，强制责任保险呈现出与其他类型保险不同的“异质性”特点（郭锋和胡晓珂，2009）。仅从保险责任范围的角度看，强制责任保险的“异质性”主要体现在以下两个方面。第一，侧重为受害人的人身利益提供保险保障。尽管强制责任保险本身并不排斥对受害人财产利益的保护，但从根本上看，其更加强调对受害人人身利益的保护。究其原因，就在于强制责任保险的公益性属性，以及其相对较低的保险保障程度；如果对人身利益和财产利益进行同等保护，将可能导致其对法律位阶更高的人身利益保护力度不足。相应地，为了加强对受害人人身利益的保护，强制责任保险往往将财产利益置于次要的保护地位，甚至将财产利益排除在其保险责任范围之外。第二，强调保险保障范围的全面性。为了加强受害人保护，强制责任保险往往扩大其保险责任范围，将许多在任意责任保险中属于除外责任的事项纳入其中。对于一些违法行为，或存在严重道德风险等传统意义上不应进行保险赔付的行为，强制责任保险也往往通过特定的制度设计，为受害人提供特殊保护。例如，在交强险中，对于驾驶人未取得驾驶资格或者醉酒、被保险人故意制造道路交通事故等行为，保险公司须在交强险责任限额范围内垫付抢救费用。[①]

① 参见《机动车交通事故责任强制保险条例》第二十二条。

（二）食品安全责任强制保险责任范围的确定

1. 食品侵权损害赔偿的法定范围

在确定食品安全责任强制保险的责任范围时，必须立足于被保险人对受害第三人所承担的侵权损害赔偿责任。在食品安全事故中，加害人可能承担的侵权损害赔偿责任包括以下四项。第一，人身损害赔偿责任。当食品安全事故发生并造成受害人人身损害时，加害人应承担受害人因治疗和康复而产生的医疗费、误工费、护理费、交通费、住宿费、住院伙食补助费、必要的营养费等费用；如果造成受害人残疾的，侵权人还应承担残疾赔偿金、残疾辅助器具费、被扶养人生活费、必要的康复费、护理费、后续治疗费等费用；造成受害人死亡的，侵权人还应当承担丧葬费、被扶养人生活费、死亡补偿费等费用，以及承担受害人亲属因办理丧葬事宜支出的交通费、住宿费和误工损失等其他合理费用。第二，财产损失赔偿责任。当食品安全事故发生并造成受害人财产损失时，侵权人应承担的财产损害赔偿责任包括不符合食品安全标准食品本身的损失、受害人为避免损失扩大而支出的合理费用，以及受害人因食品安全事故而支出的仲裁费、诉讼费、鉴定费和其他相关费用。第三，精神损害赔偿责任。根据《中华人民共和国民法典》（以下简称《民法典》）第一千一百八十三条的规定，当食品安全事故严重侵害消费者的人身权益，并造成消费者及其近亲属严重精神损害时，被侵权人及其近亲属可以要求侵权人承担精神损害赔偿责任。第四，惩罚性赔偿责任。当侵权行为人实施恶意或重大过失行为时，法院在判令其支付通常赔偿金的同时，还可以依法判令其支付高于受害人实际损失的赔偿金（张严方，2003）。根据《食品安全法》的规定，生产或经营不符合食品安全标准的食品，消费者除要求赔偿损失外，还可以向生产者或经营者主张惩罚性赔偿。

2. 食品安全责任强制保险责任范围的确定

显然，将上述赔偿责任全部纳入食品安全责任强制保险的责任范围，有利于最大限度地保护受害人利益。但是，在确定强制责任保险的责任范围时，不能仅仅着眼于受害人保护的单一法律逻辑，而应当对其制度运行的外部环境及各种影响因素进行综合分析，力求实现各种利益的平衡。

一方面，食品安全责任强制保险的主要功能在于为受害人提供基本的保险保障，如果过度扩大其保险责任范围，不仅会助长被保险人和受害人的道德风险，还会加重保险人的赔付压力，使保险人承担较高的经营风险，甚至可能发生类似于交强险的较大亏损，对食品安全责任强制保险的可持续发展造成不利影响。另一方面，食品安全责任强制保险并非食品侵权损害救济的唯一手段，希冀通过其来实现对受害人的全面充分救济并不现实。据此，将被保险人所承担的赔偿责任全部纳入食品安全责任强制保险的责任范围，在客观上并不具有可行性。

在确定食品安全责任强制保险的责任范围时，应综合考虑保险业的经营管理水平、再保险市场的发展程度、食品安全事故的发生率、任意责任保险与强制责任保险的协同发展、非保险损害救济手段的运用等因素。只有从受害人救济的角度出发，将最迫切需要被保险人先行承担的赔偿责任纳入食品安全责任强制保险的责任范围，才能形成更有利于受害人保护的制度安排。为了更好地实现食品安全责任强制保险及时救济受害人的宗旨，应将其责任范围限定在被保险人的人身损害和精神损害上，不应将财产损失纳入其中。就财产损失而言，其往往并非受害人及时救济所必需，受害人亦可以在事后通过任意责任保险、仲裁、诉讼等强制责任保险之外的其他途径获得赔偿；而将其纳入食品安全责任强制保险的责任范围，却可能会增加保险人的赔付压力。另外，如果将财产损失纳入食品安全责任强制保险的责任范围，可能会导致司法实践中的许多问题。从交强险的实践看，为了实现《中华人民共和国道路交通安全法》保护受害人人身安全与财产安全的立法宗旨，《机动车交通事故责任强制保险条例》和《机动车交通事故责任强制保险条款》均将财产损失纳入交强险的保险责任范围，并实行对人身损害与财产损失分别设置责任限额的分项限额制度，但在司法实践中，法院往往基于保护受害人的目的，打破该分项限额的限制，将各责任限额统一适用，导致财产损失责任限额与人身损害责任限额相互挤占。[①] 虽然我们并不能将交强险发生亏损的原因完全归结为财产损失责任限额对人身损害责任限额的挤

① 参见（2012）魏民初字第02494号判决书。

占，但不可否认，这也在很大程度上加重了保险公司的赔付压力。或许我们可以通过司法解释的方式严格界定分项限额制度的适用，但从受害人救济的角度，过低的财产损失责任限额并无更多的实质性意义。据此，对于受害人因食品侵权而遭受的财产损失，应排除在食品安全责任强制保险的责任范围之外。

3. 将惩罚性赔偿和精神损害赔偿纳入保险责任范围的问题

惩罚性赔偿是指当行为人实施故意、恶意、欺诈等行为并致相对人损害时，相对人可以获得实际损害赔偿金之外的损害赔偿（张新宝和李倩，2009）。它的功能在于惩罚和制裁加害人的严重过错行为，使受害人的损害得到有效弥补（王利明，2000）。根据保险法的基本原理，惩罚性赔偿能否纳入保险责任范围，关键取决于其是否具有可保性。作为可保性风险，必须是意外的危险（徐卫东，2000），但是，食品侵权惩罚性赔偿本身并不属于意外的危险，因为食品生产经营者承担惩罚性赔偿责任的原因在于其实施了恶意或故意违法的行为。因此，惩罚性赔偿本身并不符合风险的可保性要求。更重要的是，如果将惩罚性赔偿责任纳入食品安全责任强制保险的责任范围，将严重削弱其所具有的威慑和惩罚功能，并且，其结果是直接惩罚了保险人，并最终由投保人整体，而非侵权行为人来承担其后果。据此，应将惩罚性赔偿排除在食品安全责任强制保险的责任范围之外。

关于精神损害赔偿是否应纳入食品安全责任强制保险的责任范围，学界并未形成一致看法。有学者认为，精神损害赔偿只能通过损害救助基金等特别制度予以安排，或者由受害人直接向加害人请求赔偿，不应纳入食品安全责任强制保险的责任范围（于海纯，2015）。对此，本书持相反的观点。理由如下。首先，精神损害是受害人人身损害的重要体现，加强受害人保护本身即内在地包含着加强受害人精神利益的保护，因为当受害人因食品侵权而遭受严重的人身损害时，只有对其精神利益予以必要补偿，才能给予其精神抚慰，更好地保护其人身利益。其次，将精神损害赔偿纳入食品安全责任强制保险的责任范围，顺应了我国立法不断加强公民精神利益保护的趋势。在立法上，从原《中华人民共和国侵权责任法》到《最高人民法院关于确定民事侵权精神损害赔偿责任若干问题的解释》，再到

《民法典》，无不体现了国家不断完善法律体系，加强公民精神利益保护的趋势（何锦强和孙武军，2016）。最后，从中国强制责任保险的既有实践看，精神损害赔偿可以纳入强制责任保险的责任范围。根据相关司法解释，同时投保交强险和第三者商业责任险的机动车发生交通事故造成损害的，被侵权人或其近亲属可以请求保险公司优先赔偿精神损害。[①] 这意味着，精神损害赔偿已被纳入了交强险的责任范围。对此，持反对意见的学者认为，如果把精神损害纳入交强险的赔偿范围，就会出现大量人身伤亡的交通事故只有经过法院判决才能得到理赔的后果，与受害人的直接请求权及《机动车交通事故责任强制保险条例》设计的一系列快速理赔程序的目的相违背（李琳，2010）。本书认为，随着强制责任保险第三人直接请求权的建立和完善，以及保险纠纷多元化解决机制的逐步建立，这种情况并不会大量出现。此外，还有学者认为，精神损害赔偿的主要问题在于，缺乏将无形的非经济损害转换为经济赔偿的确定方法，并且缺乏衡量受害人精神损害严重性的客观标准（Mark Geistfeld，1995）。对此，本书认为，这仅仅属于司法技术层面的问题，并不能否定将精神损害赔偿纳入保险责任范围的合理性。据此，精神损害赔偿可以成为食品安全责任强制保险责任范围的重要组成部分。

三、食品安全责任强制保险费率的确定

保险费率是保险产品价格的集中体现。通常情况下，出于经济利益的考量，保险人往往倾向于提高保险费率或维持较高的保险费率；而基于保险合同的附和性，投保人只能被动地接受保险费率，无权进行变更。在投保人承担法定投保义务的情况下，如果将保险费率的决定权交给保险人，将可能损害投保人的利益，并对食品安全责任强制保险的发展产生不利影响。因此，应从权力和义务平衡的角度确定食品安全责任强制保险的费率规则。

---

① 参见《最高人民法院关于审理道路交通事故损害赔偿案件适用法律若干问题的解释》第十六条。

（一）强制责任保险的费率模式

保险费率的厘定，应充分考虑保险标的的风险程度，费率高低应与保险责任的大小相匹配。对任意责任保险而言，其保险费率只需报保险监管部门备案即可，保险人拥有相对较大的自主定价权；但对强制责任保险而言，为了实现特定的公益目标，其保险费率的确定通常要经过严格的行政审批。《保险法》第一百三十五条规定："关系社会公众利益的保险险种、依法实行强制保险的险种的保险费率，应当报国务院保险监督管理机构批准。"在实践中，我国强制责任保险的基本费率往往由政府有关部门统一确定，或者由保险行业协会确定后报保险监管部门审批，同时，保险费率的调整亦以政府为主导。例如，交强险采取了全国统一的基本保险费率，提高或降低其保险费率标准，由保监部门会同国务院公安部门制定。采取全国统一的保险费率模式，既有利于防止保险人为了追求经济利益而确定过高的保险费率，也有利于防止保险人以较低的保险费率为手段进行不正当竞争，继而推动强制责任保险的发展和更好地发挥其在公共风险管理中的作用。但是，该模式的弊端也是明显的。首先，容易导致保险机制运行不畅。由于该模式采取了"前端政府定价、后端市场经营"的形式，政府定价与市场经营完全脱节，并且保险费率形成机制过于僵化，缺乏灵活性，再加上责任主体缺位、政府与保险经营主体之间的关系难以完全厘清，导致保险机制运行不畅。其次，保险费率缺乏公平性与合理性。由于采取了全国"一刀切"的保险费率模式，市场机制在保险费率形成过程中难以发挥作用，导致保险费率难以反映保险责任风险的真实状况，保险费率缺乏公平性与合理性。最后，可能导致不同地区的保险人经营失衡。由于我国经济社会发展不平衡，无论是居民人均可支配收入、人身损害赔偿标准或保险人的保险责任风险、保险经营成本，均存在明显的地区差异。采取全国统一的保险费率模式，将难以同时兼顾地区间的差异，导致不同地区的保险人经营失衡，一些地区的保险人可能面临较高的经营风险，甚至可能发生严重的经营亏损。关于这一点，已从交强险的实践中得到证实。面对交强险持续多年的亏损，保险监管部门开始着力研究交强险的费率制度改革，酝酿推行交强险区域费率制度。[①] 由此可见，即使是在强制责任保险中，亦不存在固定的、一成不变的保险费率模式。只有结合特定责任风险的特征，并充分考虑影响保险费率的各种因素，才能合理确定强制责任保险的费率。

（二）食品安全责任强制保险费率的确定

总体上看，诱发食品安全责任风险的因素极为复杂，要对其进行类型化处理的难度较大。其原因在于，食品安全责任风险因不同的食品细分行业而呈现出不同的特征。在不同的食品细分行业，食品安全责任风险无论是发生的原因、概率、频率、风险种类或损害程度，均存在显著差异，并且，即使是同一风险因素，在不同的食品安全事故中也往往存在较大差异，难以按照某一既定类型进行集中统一处理。更重要的是，食品安全责任风险还具有突出的地域性特征。一方面，历经数千年的长期发展，我国各地区、各民族均形成了独具特色的食品种类、食品工艺、食品文化和饮食习俗。反映到食品安全责任风险上，亦呈现出明显的地区差异和民族差异。另一方面，由于各地在食品工业发展水平、食品安全治理水平和食品安全监管水平上存在差异，即使在同一食品细分行业，其食品安全责任风险亦存在较大不同。如果罔顾食品安全责任风险的行业差异、地域差异和民族差异，盲目照搬其他强制责任保险制度的费率制度，必然导致食品安全责任强制保险运作过程中的诸多问题，保险费率的公平性与合理性也将难以实现。为此，我国应从以下三个方面建立食品安全责任强制保险的费率制度。首先，在保险费率制度的选择上，应根据各地食品安全责任风险的特征，在综合考虑事故发生率、保险赔付率、物价水平、人身损害赔偿标准、任意责任保险发展等因素的基础上，建立以区域为中心的区域浮动费率制度，使地方得以根据本地实际确定食品安全责任强制保险的基本费率。制定统一的费率不但不利于权利义务的平衡，也容易出现逆选择的现象，无法准确表明食品生产经营者之间的风险差异（董泽华，2015）。只有改变全国“一刀切”的强制责任保险定价模式，实行差异化的费率制

---

① 欧阳晓红．42 公司承保亏损 83 亿 保监会酝酿交强险区域费率制度［EB/OL］．http：//www. eeo. com. cn/2013/0911/249669. shtml，2013 －09 －11．

度，才能科学合理地确定食品安全责任强制保险的费率。其次，在实行区域浮动费率制度的基础上，应由地方权力机构统一行使食品安全责任强制保险费率制度的制定权。实行区域浮动费率制度，意味着地方将享有较大的保险费率制定权。由于强制责任保险是对契约自由的重大限制，而保险费率的高低将直接关乎保险当事人的切身利益，因此，为了确保食品安全责任强制保险费率制度的科学性与严谨性，应将其制定权统一交由地方权力机构行使。最后，地方权力机构在制定食品安全责任强制保险的费率制度时，应充分考虑本地的食品业发展规划、食品企业经营状况、食品安全责任风险等因素，并以不同食品行业和领域的责任风险特征为依据，分别确定其所适用的保险费率制度。同时，地方权力机构应广泛听取保险监管部门、保险经营主体、食品生产经营企业、消费者等相关主体的意见，并进行充分的听证和论证，以确保食品安全责任强制保险费率制度的科学性。

四、食品安全责任强制保险除外责任的确定

除外责任是指根据法律的规定或保险合同的约定，保险人不需要承担保险责任的情形。确定除外责任，有利于进一步限定保险人的责任范围，使保险人的赔偿责任更加明确，进而减少保险纠纷，快速实现保险的目的。由于食品安全责任强制保险是以加强受害人保护为目的的公益性保险，如果将除外责任的确定权交给保险人，将不利于其制度目标的实现。因此，食品安全责任强制保险的除外责任应由国家立法统一作出规定，当事人不得通过合同任意约定。

（一）强制责任保险除外责任的一般分析

当前，我国法律尚未对强制责任保险的除外责任作出统一规定。从保险法的基本原理分析，一方面，保险人承担保险责任的前提是被保险人应对受害人承担损害赔偿责任；如果根据相关法律规定，被保险人对受害人具有法定的免责事由，则保险人亦可以免除对受害人的赔偿责任。例如，《中华人民共和国产品质量法》第四十一条规定，如果产品未投入流通，

或投入流通时尚不存在引起损害的缺陷，或投入流通时科技水平尚不能发现缺陷的，生产者不承担赔偿责任。在这些情形中，由于生产者无须对受害人承担赔偿责任，自然不存在保险赔偿的问题。另一方面，因被保险人违法犯罪或重大道德风险所导致的保险事故，应纳入强制责任保险的除外责任范围。根据可保风险原理，危险必须是当事人意料之外偶然发生的，而不是故意造成或必然发生的。故意造成的危险有违社会道德甚至法律，必然发生的危险是可以准确预期的，因此保险人不承担保险责任（李栗燕，2007）。对此，《保险法》规定，投保人、被保险人故意制造保险事故的，保险人不承担赔偿或给付保险金的责任。此外，在我国强制责任保险的相关立法中，亦有关于除外责任的相关规定。例如，《机动车交通事故责任强制保险条例》第二十一条规定，受害人故意制造道路交通事故并造成损失的，保险公司不予赔偿；《环境污染强制责任保险管理办法》规定，由不可抗拒的自然灾害、环境污染犯罪、故意违法、环境安全隐患未整改等所直接导致的损害，保险公司不予赔偿。总体上看，影响强制责任保险除外责任的因素主要包括不可抗力、主观故意、违法犯罪、法定免责事由，以及其他道德风险等。

（二）食品安全责任强制保险除外责任的确定

总体上看，食品安全责任强制保险的除外责任应包括以下两种情形：一是因被保险人故意生产经营不符合食品安全标准的食品，或因其他非法经营行为而导致的直接损害；二是因受害人故意而导致的损害。

从我国近年来所发生的食品安全事故看，绝大部分均与食品生产经营者的“主观故意”或非法经营行为直接相关。由于这些行为在性质上均属于违法行为，如果依然由保险人承担赔偿责任，不仅难以体现法律对违法行为的惩罚和制裁，而且将产生有违社会公平正义的结果，因此，因被保险人的故意和违法行为而导致的直接损害，保险人不承担保险责任。如果因为损害属于除外责任而完全致受害人于不顾，亦不符合食品安全责任强制保险保护受害人的宗旨。为此，在将被保险人的故意和违法行为确定为除外责任的同时，应建立相应的受害人保护和救济机制，使受害人不因除外责任而失去获得损害赔偿的保障。对此，可以借鉴交强险的立法经验。

《机动车交通事故责任强制保险条例》第二十二条规定，被保险人故意制造道路交通事故的，保险公司在交强险责任限额范围内垫付抢救费用后，有权向致害人追偿。相应地，当第三人因被保险人故意生产或经营不符合食品安全标准的食品而受到人身损害时，可以先由保险人在食品安全责任强制保险的责任限额内垫付救治费用，使受害人能够得到及时救济，然后再由保险人向被保险人追偿，使其对损害结果承担终局责任。显然，保险人的“垫付”并非保险人承担或“变相”承担被保险人应承担的损害赔偿责任，而仅仅是为了实现食品安全责任强制保险的公益性目标而做出的特殊制度安排。

对于因受害人故意而导致的损害，《民法典》第一千一百七十四条规定：“损害是因受害人故意造成的，行为人不承担责任。”因此，该情形应属于被保险人的法定免责事由，自然应当成为食品安全责任强制保险的除外责任，保险人无须对受害人承担保险责任。

第三节 基于权利和义务平衡的保险规则设计

在食品安全责任强制保险的主体中，无论是保险人、投保人（被保险人）或第三人，均享有平等的法律地位和相对独立的具体利益，因此，在确立食品安全责任强制保险的制度规则时，应立足于权利和义务的平衡配置，在赋予相关主体特定权利的同时，使相对方承担相应的义务，最终实现加强受害人保护和相关主体利益平衡的目标。

一、食品安全责任强制保险的第三人直接请求权

现代责任保险的实践证明，确认第三人直接请求权不仅可以改变受害人只能被动接受被保险人转付的或者保险人主动支付的保险赔偿金的消极状态，重新平衡各方之间的利益冲突，而且可以简化索赔的环节，降低诉讼成本（贾林青，2014）。因此，确立第三人直接请求权，其目的在于突破“合同相对性原则”，并在法律上确立第三人和保险人之间的权利义务

关系，使第三人能够简便迅捷地获得保险赔偿，继而更好地实现食品安全责任强制保险对其利益的保护。

（一）第三人直接请求权的含义

第三人直接请求权即第三人对保险人的直接赔偿请求权。在食品安全责任强制保险中，它是指当第三人因被保险人的食品侵权行为而受到损害时，可以在保险责任限额内请求保险人直接向其支付保险赔偿金的权利。目前，我国在立法上已初步确立了责任保险的第三人直接请求权。根据《保险法》第六十五条第二款的规定，保险人可以根据被保险人的请求，直接对受害人进行赔偿；当被保险人怠于请求时，受害人可以直接请求保险人给付保险金。据此，我国保险立法事实上已确立了第三人对保险人的直接请求权（周玉华，2009）。另外，该条款也表明，第三人直接请求权的获得是以“被保险人的赔偿责任确定且怠于向保险人请求”为前提条件的。所谓“怠于请求”，是指被保险人已具备要求保险人承担保险责任的条件，但出于其主观方面的原因，未能在合理的期限内及时行使请求权。尽管《保险法》并未对被保险人“怠于请求”的认定标准及具体适用情形作出规定，但毫无疑问，该条款所确立的是附抗辩事由的第三人直接请求权。对此，有学者对其合理性提出了质疑，认为其未能根据任意责任保险和强制责任保险的不同性质分别设置保险金请求权，背离了强制责任保险的基本目标（李新天和印通，2014）。如果单从任意责任保险的角度看，设立附抗辩事由的第三人直接请求权并无不妥，因为其不仅反映了保险当事人的合意，而且从根本上看，其源于被保险人的保险金请求权，保险人可以以对抗被保险人的事由对抗受害人（李娟，2011）。但是，对食品安全责任强制保险而言，其因国家强制而呈现出浓郁的公共政策色彩，如果在立法上依然选择附抗辩事由的第三人直接请求权，允许保险人以被保险人的行为瑕疵对抗第三人，其保护受害人的公益目标将难以实现。

（二）不附抗辩事由的第三人直接请求权

随着责任保险从保护被保险人向保护受害人的转变，确立不附抗辩事由的直接请求权具有必要性（陈亚芹，2012）。因此，在确立食品安全责

任强制保险的第三人直接请求权时，应将其设置为不附抗辩事由的第三人直接请求权，以加强对第三人的保护。

不附抗辩事由的直接请求权是指在强制责任保险中，第三人以法定的形式取得对保险人的直接请求权，保险人不得以对抗被保险人的事由对抗第三人（邹海林，1999）。在第三人取得不附抗辩事由的直接请求权后，保险人不得以可归责于被保险人之事由对抗第三人。这无疑大大增加了第三人获得保险赔偿的可能性，并提高了保险赔偿的效率，使受害人能够得到更加及时的救济。在立法上，不附抗辩事由的第三人直接请求权已被部分域外国家和地区的法律所确认。例如，德国1965年《机动车持有人强制保险法》第三条第一款规定，在法定情形下，保险人应根据第三人的损害赔偿请求权履行损害赔偿义务，即使根据保险关系所产生的给付义务并不存在。当前，我国学界对不附抗辩事由的第三人直接请求权尚未形成一致看法。反对者认为，“被保险人怠于”并不会受到相关法律的惩罚，其结果必然是被保险人选择“怠于”，任由第三人不加限制地行使直接请求权，虽然最大程度地满足了第三人的利益，但却加重了保险人的应诉责任（粟榆和岑敏华，2011）。对此，本书认为，附抗辩事由的直接请求权或不附抗辩事由的直接请求权的选择，应取决于责任保险的性质和目的。对食品安全责任强制保险而言，其公益属性决定了其制度设计必须始终服务与服从于加强受害人保护的客观需要。在第三人无法控制被保险人的可归责事由的情况下，只有赋予其不附抗辩事由的直接请求权，才能有效实现食品安全责任强制保险的制度目标。

当然，不附抗辩事由并不意味着第三人在行使直接请求权时可以不受任何条件限制。就食品安全责任强制保险而言，第三人在行使不附抗辩事由的直接请求权时，需具备以下三个要件。第一，食品安全责任强制保险合同合法有效。根据责任保险的法理，保险人对加害人承担赔偿责任的条件是存在责任保险合同，当保险事故发生时，保险人须根据责任保险合同的约定，对受害人承担保险赔偿责任（文杰，2012）。虽然不附抗辩事由的第三人直接请求权源于法律的规定，属于法定权利的范畴，但如果缺乏合法成立的食品安全责任强制保险合同，第三人与保险人之间将不存在任何事实或法律上的联系，自然无法取得该权利，也不存在权利行使的问题。第二，被保险人须对第三人承担损害赔偿责任，且数额确定或能够初步确定。即使法律赋予了第三人不附抗辩事由的直接请求权，保险人依然可以以被保险人对抗第三人的事由对抗第三人。相应地，在被保险人的食品侵权损害赔偿责任尚未确定之前，保险人可以拒绝对第三人承担保险赔偿责任。关于损害赔偿责任的确定方式，主要有两种观点：一是认为必须通过已经生效的法院判决或仲裁裁决来确定赔偿责任；二是认为不一定必须由判决书或仲裁裁决书来确定，如果能够通过调解、和解等方式确定相关责任，又不违反法律的规定，也应当认定为赔偿责任确定（詹昊，2009）。但无论以哪种方式确定被保险人的侵权损害赔偿责任，其数额必须确定或能够初步确定，否则，第三人直接请求权将因失去现实基础和依据而无法行使。第三，第三人所主张的保险赔偿不得超过其实际损失的范围，且以食品安全责任强制保险的责任限额为限。从财产保险的角度看，食品安全责任强制保险的意义在于填补第三人因食品侵权而遭受的损失，因此，当第三人向保险人行使直接请求权时，必须遵从损失补偿的保险原则，在其实际损失及保险责任限额内主张保险赔偿。

二、食品安全责任强制保险人的参与权和代位追偿权

作为一种损失补偿机制，保险的功能并不在于使被保险人或第三人从中获利，而在于使其保险责任限额内的损失能够得到弥补。然而，由于信息不对称的存在，保险人往往难以对相对人的行为进行有效监督，道德风险和逆选择因此成为损害保险人利益的重要因素。为了更好地保护保险人利益和实现各主体的利益平衡，应结合食品安全责任强制保险的特征，赋予保险人参与权和代位追偿权。

（一）食品安全责任强制保险人的参与权

在食品安全责任强制保险法律关系中，保险人因不属于“食品侵权责任关系”的主体而无权直接参与食品侵权纠纷的处理。这也使其在保险理赔过程中面临着严重的信息不对称和道德风险问题。一方面，由于食品侵权责任认定复杂、赔偿数额难以预知，且司法程序耗时费力，对于保险责

任限额以内的索赔，被保险人为了获得受害人的谅解，往往怠于行使其对受害人的抗辩权，或者倾向于与受害人和解，甚至与受害人恶意串通，使保险人的赔偿金额非正常地增加；另一方面，在受害人与被保险人进行侵权纠纷处理的过程中，如果被保险人不当地对受害人进行抗辩，就有可能导致仲裁或诉讼失败，其费用和赔偿支出可能会远远超出正常水平，使保险人最终受损（陈飞，2011）。此时，如果依然严格固守"分离原则"，意味着保险人只能被动地接受损害其权益的不利后果。在保险人的利益被忽视、相关保险主体利益严重失衡的情况下，食品安全责任强制保险势将因缺乏公平的社会基础而难以为继。只有突破"分离原则"，使"强制保险合同关系"与"食品侵权责任关系"得到有效衔接，才能推动食品安全责任强制保险的可持续发展。而其主要路径，便是赋予保险人参与权，使保险人得以成为从食品侵权纠纷处理到保险理赔的全程参与者，进而有效消除相关保险主体之间的信息不对称，更好地应对食品安全责任强制保险运行中的道德风险问题。

保险人的参与权是指当责任保险的责任发生后，保险人在被保险人和第三人协商赔偿的过程中，享有决定、和解和进行抗辩的权利（邱海林，1998）。从性质上看，保险人参与权可以体现为法定权利，由法律直接赋予保险人参与被保险人与第三人赔偿处理过程的权利。同时，保险人参与权也可以体现为约定的权利，由保险双方当事人通过保险合同对该权利的内容、权利的行使、权利的约束等问题作出约定。但是，就强制责任保险而言，为了实现特定的公共政策目标，保险主体的权利义务往往由国家立法统一加以规定，并且，保险条款也通常采取全国统一制定的模式，当事人不得随意变更，因此，其保险人参与权在性质上应属于法定权利，保险人只有在法律予以明确规定时方能享有。从我国的保险立法看，为了确保保险事故发生后，保险人能够及时查清保险事故的性质、原因和损失程度，《保险法》第二十一条规定，投保人、被保险人或受益人知道保险事故发生后，应及时通知保险人。否则，对于无法确定部分的损失，保险人不承担赔偿责任。至此，我国的保险立法已确立了保险人参与权。

尽管《保险法》关于保险人参与权的一般性规定也同样适用于食品安全责任强制保险，但显然，其仍不足于防范保险理赔过程中的道德风险和

保护保险人利益。从实体法的角度，它虽然明确了保险人对保险事故的知情权、调查权和定损权，但是，它既未明确保险人自行处理由其承担最终责任的索赔案件的权利，也未赋予保险人对被保险人特定行为的抗辩权；同时，对于保险人行使参与权的约束和保障问题，也未作出规定。从程序法的角度，它仅明确了保险人对仲裁或诉讼的知情权，但既未明确规定保险人直接参与仲裁或诉讼的权利，也未明确规定被保险人协助保险人参与仲裁或诉讼的义务。在实践中，尽管保险人可以以无独立请求权的第三人的身份申请参加索赔诉讼，但如果缺乏被保险人的协助，保险人的诉讼权利将难以真正落实。另外，由于《中华人民共和国仲裁法》并未对追加第三人的问题作出规定，保险人以第三人身份参加仲裁将缺乏法律依据。相应地，食品安全责任强制保险人的参与权在内容上应包括以下四点。第一，对保险事故发生和发展的知情权。在食品侵权责任事故发生后，被保险人应及时告知保险人；在此之后，无论是食品侵权仲裁或诉讼的提起，或侵权责任事故处理的其他重大变化，被保险人均应及时告知保险人。第二，对保险事故的调查认定权。食品安全事故发生后，保险人有权对事故发生的原因、性质及损害情况进行调查，并对其是否属于保险责任范围以及保险赔偿数额作出认定。第三，对食品侵权纠纷处理的参与权。对于被保险人与第三人的食品侵权纠纷，保险人有权参与其协商、调解的全过程；保险人认为有必要的，可以以被保险人的名义参加食品侵权仲裁或诉讼；对于索赔数额不超过保险责任限额的食品侵权纠纷，保险人有权自行处理。对此，被保险人有予以协助的义务。第四，对关乎自身利益的重大事项的抗辩权和决定权。未经保险人书面同意，保险人不受被保险人自行承诺或支付的赔偿金额或自行达成的赔偿协议约束。在涉及承认食品侵权责任、放弃抗辩权利、达成和解协议、确定赔偿数额等影响保险人利益的重大事项时，保险人在食品安全责任强制保险的责任限额内享有最终决定权。

缺乏有效监督和制约的权利，必然导致滥用。如果保险人凭借其强势地位，滥用参与权，不仅可能对被保险人的合理行为造成不当干涉，甚至可能影响食品侵权损害纠纷的处理效率，不利于对食品侵权受害人进行及时救济。因此，在赋予保险人参与权的同时，亦应对其权利行使进行必要限制。首先，保险人参与权并非绝对的。在特定的情形中，即使保险人未实际参与食品侵权纠纷的处理，或者未书面同意被保险人的损害赔偿处理，亦不得以此为由拒绝承担保险责任。这主要包括以下两种情形。第一，食品安全事故发生后，被保险人已向保险人履行了及时告知义务，但保险人无正当理由拒绝参与损害赔偿处理，或者未在合理的时间内行使参与权的情形。在被保险人履行通知义务后，保险人实际承担了一种“参与义务”。如果保险人未参与，应视为其主动放弃了参与权，自愿承担不利的法律后果。第二，在食品侵权纠纷的处理过程中，如果被保险人已尽到了谨慎注意义务，不存在任何损害保险人利益的可责难事由，且最终确定的赔偿处理方案公平合理的，保险人不得以未经其书面同意为由拒绝承担保险责任。其次，保险人在行使参与权的过程中，应积极主动地维护被保险人的利益。在“强制保险关系”中，无论是保险人或被保险人，均应受到法律的同等对待，其利益均应得到法律的平等保护。根据诚实信用原则，保险人在行使参与权时，应始终秉持善意，并客观公正、公平合理地处理与被保险人利益紧密相关的事项，不得恶意损害被保险人的利益。在食品侵权纠纷中，保险人通过行使参与权，实质性地获得了本属于被保险人的对损害赔偿处理方案的决定权，因此，它应当承担维护被保险人利益的义务。最后，保险人参与权的行使，应以食品安全责任强制保险的责任范围和责任限额为限。由于保险人仅对保险责任范围及责任限额内的侵权损害承担保险责任，如果允许其对超出部分行使参与权，则是对被保险人民事权利的过度干涉，因此，在食品安全事故的性质及损害赔偿数额确定后，对于不属于食品安全责任强制保险责任范围及超出其责任限额的侵权损害，应当交由被保险人自行处理，保险人无权进行干涉。

（二）食品安全责任强制保险人的代位追偿权

1. 代位追偿权的含义

代位追偿权是指在损失补偿保险中，当保险事故发生并造成保险标的损失，依法应由第三者承担赔偿责任时，保险公司自向被保险人支付保险赔偿金之日起，在保险责任限额内取得被保险人向第三者请求赔偿的权利。代位追偿权是保险损失补偿原则的派生产物。根据损失补偿原则，保险的主要功能在于填补被保险人所遭受的损失，而非使其通过保险获得额外利益。在足额保险的情况下，如果被保险人在获得保险赔偿后依然可以向第三者主张损害赔偿，将使其对同一损害获得双重赔偿，形成不当得利，有违于损失补偿原则。此时，如果不将其对第三者的请求权移转给保险人，将会形成被保险人有权而不得行使，保险人欲行使而无权利，加害第三者虽有赔偿义务却无人问责的僵局（刘宗荣，2009）。因此，被保险人在损失已得到填补的情况下，应当将其向第三者请求赔偿的权利转让给保险人，由保险人对第三者行使追偿权。

2. 食品安全责任强制保险人代位追偿权的适用范围

保险代位乃以“不当得利禁止原则”为其主要法理基础，其范围仅止于损害保险，而责任保险性质上属于损害保险，故亦有保险代位之适用（江朝国，2006）。食品安全责任强制保险是以食品生产经营者对受害第三人所承担的损害赔偿责任为保险标的的强制保险。在性质上，它依然属于损失保险的范畴，同样可以适用损失补偿原则，因此，亦存在代位追偿权的问题。

虽然与任意责任保险相比，食品安全责任强制保险更加突出对受害第三人的保护，但其保护被保险人，使之免受不利法律后果的基本功能并未发生改变。根据“无损失即无保险”的原则，如果以被保险人为责任主体的食品侵权损害并未发生，则缺乏食品安全责任强制保险适用的基础，亦不存在保险人行使代位追偿权的问题。关于责任保险代位追偿权的适用，有学者认为，代位追偿权在责任保险中的适用范围非常狭窄，仅适用于共同侵权的情形（游杰，2003）。另有学者认为，责任保险人的代位追偿权不仅仅存在于共同侵权的情形，只要被保险人不是唯一的责任人和终局责任人，只要还存在其他应对保险事故承担责任的共同责任人或终局责任人，即被保险人可以对其进行索赔的第三者，保险人在进行保险赔偿后便可以行使代位追偿权（许良根，2008）。对此，本书同意后一种观点，因为它更准确地反映了责任保险代位追偿权的本质特征。据此，食品安全责任强制保险人的代位追偿权主要适用于以下两种情形：其一，虽然食品侵权责任人为被保险人之外的第三者，但根据相关法律，被保险人须对受害人承担赔偿责任；其二，被保险人与第三者构成了共同侵权，须对受害人承担连带赔偿责任。

关于第一种情形，中国立法已有相关规定。《食品安全法》第一百四十八条规定，消费者因不符合食品安全标准的食品受到损害的，可以向经营者要求赔偿损失，也可以向生产者要求赔偿损失。属于生产者责任的，经营者赔偿后有权向生产者追偿；属于经营者责任的，生产者赔偿后有权向经营者追偿。同时，《民法典》第一千二百零四条规定："因运输者、仓储者等第三人的过错使产品存在缺陷，造成他人损害的，产品的生产者、销售者赔偿后，有权向第三人追偿。"据此，在食品安全事故中，食品生产者和经营者互为对方的赔偿责任人，并共同作为食品运输者、仓储者等第三者的赔偿责任人。当其因对方或第三者的过错而受到受害人索赔时，应先行承担赔偿责任，再向实际责任人进行追偿。此时，如果食品生产者和经营者已投保食品安全责任强制保险，保险人在对受害人进行赔偿后，将取得食品生产者或经营者的请求权，对最终应承担损害赔偿责任的责任人进行追偿。

第二种情形涉及的是食品共同侵权问题。共同侵权是指两个或两个以上的行为人，基于共同的故意或过失，侵害他人的合法民事权益，应承担连带责任的侵权行为。其法律后果是由共同侵权人承担连带责任。如果共同加害人中的一人或数人已全部赔偿了受害人的损失，则免除其他共同加害人应负的赔偿责任（王利明等，2008）。根据我国相关法律的规定，食品共同侵权主要包括以下几种情形。第一，食品生产经营者与食品检验机构、认证机构、广告业主、经营场所提供者等第三方服务机构的共同侵权。这主要包括：（1）食品检验机构出具虚假检验报告、认证机构出具虚假认证结论，导致消费者利益受到损害的，应当与食品生产经营者承担连带责任；（2）广告经营者、发布者设计、制作、发布虚假食品广告，社会团体或其他组织、个人利用虚假广告或虚假宣传推荐食品，损害消费者合法权益的，应当与食品生产经营者承担连带责任；（3）集中交易市场的开办者、柜台出租者、展销会的举办者允许未依法取得许可的食品经营者进入市场销售食品，或者未履行检查、报告等义务，致使消费者权益损害的，应当与食品经营者承担连带责任。第二，网络交易背景下的食品共同侵权。如果网络交易平台提供者明知或者应知销售者或服务者利用其平台侵害消费者合法权益，未采取必要措施的，应当与该销售者或服务者承担连带责任。在以上这些情形中，如果保险人已根据食品安全责任强制保险对受害人进行保险赔偿，则将取得被保险人对其他共同侵权人的追偿权，并就该共同侵权人应当分摊的赔偿份额在保险赔偿范围内进行追偿。

除了受到适用范围的限制外，食品安全责任强制保险人的代位追偿权还受到特定追偿对象的限制。《保险法》第六十二条规定，除被保险人的家庭成员或者其组成人员故意制造保险事故外，保险人不得对被保险人的家庭成员或者其组成人员行使代位请求赔偿的权利。法律之所以作出如此限制，是因为被保险人与其家庭成员或组成人员之间存在共同的财产管理关系，并形成了为法律所确认的共同利益关系。对于被保险人的家庭成员或组成人员故意制造保险事故的行为，因涉及严重的道德风险问题，通常被列为保险的除外责任，因此，其法律后果应由责任人自行承担。此时，如果保险人依据食品安全责任强制保险的制度安排对受害人进行了救济，则可以代位被保险人，对其家庭成员或组成人员进行追偿。至于被保险人的雇员，因其与被保险人之间不存在共同生活的基础和共同的利害关系，因此，无论其故意或过失制造食品安全事故，均可成为保险人代位追偿的对象。

3. 食品安全责任强制保险人代位追偿权的程序问题

关于保险人行使代位追偿权的程序问题，《保险法》并未作出规定。《最高人民法院关于适用〈中华人民共和国保险法〉若干问题的解释(二)》第十六条规定：“保险人应以自己的名义行使保险代位求偿权。保险人代位求偿权的诉讼时效期间应自其取得代位求偿权之日起算。”但是，该条款并未对代位追偿诉讼的管辖法院及诉讼时效做出明确规定。

在司法实践中，确定代位追偿诉讼的管辖法院主要有以下两种做法：第一，根据被保险人与其他共同侵权人的合同关系或侵权关系来确定案件的管辖权；第二，根据代位权诉讼的规则确定管辖法院，即由被告住所地法院进行管辖。原《合同法司法解释一》第十四条规定：“债权人依照合同法第七十三条的规定提起代位权诉讼的，由被告住所地人民法院管辖。”就食品安全责任强制保险而言，应根据被保险人与其他共同侵权人的合同约定或共同侵权关系来确定其代位追偿诉讼的管辖法院，因为，“保险代位权的实质为法定债权移转，保险人在给付保险金后，被保险人对第三人的损害赔偿请求权即法定移转于保险人处”①。就此问题，现行法中亦有类似规定。2006 年 9 月 8 日施行的《最高人民法院关于适用〈中华人民共和国仲裁法〉若干问题的解释》第九条规定：“债权债务全部或者部分转让的，仲裁协议对受让人有效。”这也在一定程度上表明了司法机关对此问题的态度。相应地，对于食品安全责任强制保险的代位追偿诉讼，如果共同侵权人已就案件管辖作出明确约定，保险人在对被保险人之外的其他共同侵权人行使代位追偿权时，应受到该约定的约束；如果共同侵权人之间没有相关约定的，保险人可以选择食品共同侵权的发生地法院，或者被告所在地法院作为管辖法院。当共同侵权人分别处于两个或两个以上法院辖区时，各相关法院均有管辖权。

关于保险人行使代位追偿权的诉讼时效，在司法实践中亦存在两种不同观点。第一种观点认为，虽然代位追偿权来源于被保险人对第三人赔偿请求权的转让，但由于其本身属于法定的权利，因此其诉讼时效应由法律予以规定。在保险法等特别法未对其作出规定时，应适用一般法关于诉讼时效的规定，即适用《民法典》所规定的三年的诉讼时效期间。第二种观点认为，基于保险代位追偿权的性质，行使代位追偿权所适用的诉讼时效与本位赔偿请求权的诉讼时效应当是相同的，应适用本位赔偿请求权的诉讼时效，因为代位追偿权归根到底属于被保险人对其他侵权责任人的法定债权转让，离开了这一本位的权利，代位追偿权将无法独立存在（朱敏，1997）。对此，本书同意第二种观点。因为从《保险法》关于代位追偿权的相关规定看，保险人的代位追偿权与被保险人对第三人的赔偿请求权具有同源性，二者实为同一权利，前者由后者转化而来。如果离开了这一基本前提，不仅代位追偿权行使的对象及内容无法确定，而且其权利也将无法实现，因此，代位追偿权在诉讼时效上应与被保险人的赔偿请求权保持一致。再从《保险法》第六十三条关于“保险人向第三者行使代位请求赔

① 武亦文. 保险代位权与被保险人损害赔偿请求权的受偿顺序［J］. 比较法研究，2014（6）：44.

偿的权利时，被保险人应当向保险人提供必要的文件和所知道的有关情况”及第六十一条第三款关于“被保险人故意或者因重大过失致使保险人不能行使代位请求赔偿的权利的，保险人可以扣减或者要求返还相应的保险金”的规定看，其立法意图在于强化被保险人的协助义务，确保保险人能在被保险人赔偿请求权的诉讼时效内实现代位追偿权。据此，在食品安全责任强制保险中，保险人行使代位追偿权的诉讼时效取决于被保险人对第三人行使赔偿请求权的诉讼时效。如果保险人未能在该诉讼时效内行使代位追偿权，第三人可以以此为由进行抗辩。相较于适用普通诉讼时效，这不仅有利于督促保险人及时行使代位追偿权，而且有利于消除经济关系中的不稳定因素和促进交易安全。

三、食品安全责任强制保险当事人的合同变更权和转让权

在食品安全责任强制保险合同的履行期间，保险当事人据以订立保险合同的食品安全责任风险状况可能发生较大的变化，如果依然维持原合同的内容不变，将可能产生对一方当事人极其不公平的结果。而即使食品安全责任风险状况未发生变化，亦可能出现一方当事人将其权利义务全部转让给第三方的情形。此时，如果缺乏相应的规则，将可能对第三人的利益保护产生不利影响。因此，为了有效保护相关保险主体的利益和实现各主体间的利益平衡，应对食品安全责任强制保险当事人的合同变更权和转让权作出规定。

（一）食品安全责任强制保险当事人的合同变更权

关于保险合同的变更，有广义和狭义两种理解。广义的保险合同变更是指保险合同的主体或内容发生变化；而狭义的保险合同变更是指在保险合同的主体保持不变的前提下，保险合同的内容发生变化。《保险法》第二十条规定，投保人和保险人可以协商变更合同内容。据此，我国法律对保险合同变更采用的是狭义的理解。相应地，食品安全责任强制保险当事人的合同变更权是指在食品安全责任强制保险合同的有效期间和尚未终止之前，当事人享有依法定的条件和程序，对保险合同的内容进行部分修改

和补充的权利。在食品安全责任强制保险合同的有效期间，当事人据以订立合同的主客观条件均可能发生较大变化，甚至会对保险合同成立的基础造成根本性动摇，如果依然维持保险合同的内容不变，将可能对当事人的利益造成损害，并发生显失公平的结果，因此，赋予保险当事人合同变更权，其目的在于确保保险合同内容的公平性与合理性，并确保其与当事人的实际需要相契合。另外，在赋予保险当事人合同变更权的同时，应对其权利行使施以必要限制。因为食品安全责任强制保险旨在加强受害人保护，如果任由当事人随意行使合同变更权，必然会对保险合同的稳定造成不利影响，并将因此而影响受害人保护目标的实现。

总体上看，食品安全责任强制保险当事人在行使合同变更权时，应同时具备以下四个要件。第一，须以食品安全责任强制保险合同合法有效为前提。保险合同变更仅仅是使既有的保险合同内容发生部分变化，而非形成新的保险合同关系，因此，保险合同变更必须以原保险合同存在且合法有效为基础。如果原保险合同因违反法律的强制性规定而被撤销、被解除或被确认为无效，或者因保险期间届满、履行完毕等而效力终止，则不存在当事人行使合同变更权的问题。第二，当事人在行使合同变更权时，应当有被保险人食品安全风险发生显著变化的事实发生。保险合同系对人合同，当事人之间的互信关系至为重要，故不得任意变更（江朝国，2002）。但是，在食品安全责任强制保险合同的履行期间，双方当事人据以订立保险合同的基础性事由可能发生显著变化，并导致当事人权利义务的失衡。此时，只有通过合同的变更，方能对双方当事人的权利和义务进行重新调整，使保险责任的大小与保险费率的高低相匹配，并使保险当事人之间的利益恢复平衡。因此，当被保险人的食品安全风险发生显著变化，且双方当事人已就此情形下的合同变更作出约定时，当事人可以行使合同变更权。第三，合同变更权的行使，不得超出法定的幅度和范围。保险合同的变更，在内容上主要体现为根据被保险人食品安全风险的变化，对保险合同所适用的保险费率进行调整。由于食品安全责任强制保险的费率由国家统一作出规定，如果允许当事人对保险费率进行任意变更，将破坏食品安全责任强制保险的基本规则，并可能对受害人保护产生不利影响。因此，当保险当事人根据双方的约定进行食品安全责任强制保险合同变更时，只能对保险合同所适用的保险费率进行法定幅度和范围内的调整；否则，将不发生变更的法律效力。第四，当事人在行使食品安全责任强制保险合同的变更权时，应采取书面的形式。合同变更权的行使，不仅会对保险当事人的权利义务产生重要影响，而且会对第三人的利益保护产生重要影响，因此，为了避免纠纷的发生和更好保护相关保险主体的利益，当事人应以书面形式进行食品安全责任强制保险合同的变更。对此，我国保险立法亦作出了相关规定。根据我国《保险法》第二十条第二款，“保险合同的变更，应当由保险人在原保险单或者其他保险凭证上批注或者附贴批单，或者由合同双方当事人订立变更的书面协议”。如果保险当事人未以书面形式进行保险合同变更的，合同变更应被认定为无效。

此外，从合同变更权的行使看，当被保险人的食品安全风险发生显著变化时，被保险人应主动告知保险人，并由保险人决定是否进行保险合同的变更。同时，在对被保险人的食品生产经营进行监督的过程中，如果保险人发现其食品安全风险已发生显著变化，亦可以根据食品安全责任强制保险合同的约定，对保险费率进行调整。在此过程中，被保险人应积极协助保险人完成相关的风险评估及合同变更事宜，使保险人的合同变更权得以实现。由于食品安全风险评估及保险合同变更权的行使均主要取决于保险人，为了防止其滥用优势地位任意调整保险费率，损害被保险人的利益，在保险规则中应对被保险人食品安全风险“显著增加”的情形予以明确，防止保险人过度扩大其适用范围；同时，还应当对食品安全责任强制保险合同变更的程序及被保险人的救济途径等作出规定，以实现保险人和被保险人权利义务的平衡配置和利益平衡。

（二）食品安全责任强制保险当事人的合同转让权

食品安全责任强制保险当事人的合同转让权是指根据法律的规定或当事人的约定，一方当事人将其在保险合同中的权利义务全部或部分转让给第三方的权利。通过保险合同转让权的行使，能有效降低因办理退保和重新订立保险合同而付出的成本，并使原保险合同的效力得到维持，对各方当事人均有利。由于食品安全责任强制保险的公益性属性，在赋予当事人合同转让权的同时，亦应对其予以必要限制，以避免对第三人保护产生

不利影响。

1. 食品安全责任强制保险合同转让权的行使方式

在理论上，保险人和被保险人均可能成为保险合同转让权行使的主体。但是，在业务经营正常的情况下，保险人并无行使保险合同转让权的必要，再加上中国保险法尚未建立财产保险合同的强制转让制度，因此，保险人成为保险合同转让权行使主体的情形较为少见。而通常情况下，被保险人可以依其自由意志和法律规定，将其保险权利和义务转让给第三人。因此，在食品安全责任强制保险中，被保险人是行使保险合同转让权的主要主体。

根据债的转让原理，侵权损害赔偿责任的转让主要有两种方式：协议转让和法定转让。协议转让即侵权人与第三方约定，由第三方代替侵权人承担侵权损害赔偿责任。由于协议转让在性质上属于债务转让，根据合同法的规定，它必须取得债权人的一致同意。但是，在现实生活中，由于食品安全事故的受害人数量众多且极其分散，要取得其一致同意较为困难，因此，协议转让往往难以成为食品侵权损害赔偿责任转让的主要方式。法定转让即在法定的情形下，将侵权人所承担的侵权损害赔偿责任转由承继其权利义务的第三方承担。通过法定转让，能迅速确定侵权人变更后承担食品侵权损害赔偿责任的主体，更好地保护受害人的利益。与之相对应，食品安全责任强制保险的合同转让应以法定转让为主。随着食品侵权损害赔偿责任的转让，被保险人将失去对食品安全责任强制保险标的所具有的保险利益，而第三人则因承继了被保险人的保险权利义务而成为保险合同的当事人。

在实践中，常常涉及当事人将其在保险合同中的权利义务概括转让给第三人的情形。对此，《民法典》第五百五十五条规定："当事人一方经对方同意，可以将自己在合同中的权利和义务一并转让给第三人。"这意味着，如果被保险人将其在食品安全责任强制保险合同中的权利义务概括转让给第三方，应当取得保险人的同意。然而，有别于以当事人意思自治为基础的一般合同，食品安全责任强制保险是对当事人契约自由的限制。在被保险人行使保险合同转让权的过程中，保险人仍然承担着承保食品安全责任强制保险的法定义务；而此时，第三人已对保险标的具有了保险利益，可以成为保险合同的适格主体。因此，当被保险人行使保险合同转让权时，无须取得保险人的同意。对保险人而言，则不得对食品安全责任强制保险的合同转让为拒绝的意思表示，否则，其将违反食品安全责任强制保险所赋予的强制缔约义务。当然，被保险人在行使保险合同的转让权时，应当将保险标的转让的情形及时告知保险人，并协助保险人与第三人办理保险合同转让的相关手续。

2. 行使食品安全责任强制保险合同转让权的主要情形

保险合同转让权的行使，将导致保险合同一方当事人的变更和原保险合同关系的消灭，并形成新的保险合同关系，而保险合同的内容始终保持不变。总体上看，当事人行使食品安全责任强制保险合同转让权的情形主要包括：第一，因被保险人企业名称或企业类型变更而行使保险合同转让权；第二，因保险人解散、被撤销或破产清算而行使保险合同转让权；第三，因被保险人分立、合并而行使保险合同转让权。

在第一种情形中，无论是企业名称的变更，或企业类型的变更，均不会对被保险人食品生产经营主体资格产生重大影响，并且，保险人所承保的食品安全责任风险也未发生实质性改变，因此，被保险人只需通过行使保险合同变更权对食品安全责任强制保险合同的主体进行变更，即可实现保险合同内容的延续性和稳定性。

对于第二种情形，如果单从现行法律的规定看，并不必然地会导致食品安全责任强制保险合同的转让。因为在保险公司解散、被撤销或被宣告破产的情形中，可以通过适用保险法所规定的清偿顺序来解决保险金赔付的问题；同时，我国当前已建立了保险保障基金制度，在客观上也有利于实现保险的救济功能。但是，在破产清算的结果难以预料、保险保障基金制度亟待完善的情况下，食品安全责任强制保险仍具有其他制度所无法比拟的优势。相应地，当保险人因解散、被撤销、被宣告破产等原因而无法继续履行保险合同义务时，可以通过保险合同转让权的行使，将其所持有的食品安全责任强制保险合同转让给其他保险公司；保险监管部门亦可以比照《保险法》第九十二条的规定，要求保险公司将其所持有的食品安全责任强制保险合同转让给其他保险公司。最终，被保险人将与新的保险人重新建立保险合同关系，而保险合同内容保持不变。

第三种情形主要涉及被保险人组织形态的变更。企业分立是指根据法定的条件和程序，将原企业分离为两个或两个以上的企业。根据分立后原企业是否继续存在，可以把企业分立分为派生分立和新设分立。如果在企业分立后，原企业的主体资格仍然得以保留，则为派生分立；如果在企业分立后，原企业的主体资格丧失，则为新设分立。在派生分立中，如果原被保险人的名称和企业类型未发生改变，且其食品生产经营业务仍完整保存于原企业当中，则不存在食品安全责任强制保险合同转让权的行使问题。而无论是派生分立或新设分立，如果原被保险人的食品生产经营业务能够完整地移转到某一分立后所形成的新企业，则可以通过行使保险合同转让权的方式，维持原食品安全责任强制保险合同的效力；反之，如果原被保险人的食品生产经营业务已被分立后所形成的各企业分解，则因食品安全责任风险已发生较大变化而无法继续沿用原食品安全责任强制保险合同，保险合同的转让权将无法行使。企业合并是指依照法定的条件和程序，由两个或两个以上的企业合并在一起，形成一个新的企业。根据合并后原企业是否续存，可以把企业合并分为吸收合并和新设合并。前者是指一个企业在吸收其他企业后，其主体资格继续存在；后者是指原企业与其他企业合并形成新企业后，原企业的主体资格消失。在吸收合并中，如果原被保险人的食品生产经营业务不因吸收其他企业的业务而发生变动，则可以继续沿用原食品安全责任强制保险合同，不存在保险合同转让权的行使问题；如果该业务因合并而发生变动，则意味着被保险人的食品安全责任风险发生了改变，应当对原食品安全责任强制合同的内容加以变更，但这与保险合同转让权的行使无关。由此，在企业吸收合并的情形中，并不存在食品安全责任强制保险合同转让权的行使问题。在新设合并中，如果原被保险人的食品生产经营业务能够完整地保留下来，不因合并而发生变化和受到影响，则可以通过行使保险合同转让权的方式，继续沿用原食品安全责任强制保险合同的内容。

食品安全责任强制保险合同转让权的行使，不应排斥保险人对被保险人的风险状况进行重新评估的权利。尽管新旧被保险人之间存在着一脉相承的关系，其保险权利义务也未发生根本性的改变，但是，由于食品安全责任风险始终处于发展变化之中，并且被保险人组织形态的变化、分立、合并等均可能对被保险人的食品安全责任风险造成显著影响，如果不赋予保险人对被保险人的风险进行重新评估的权利，将不利于实现保险当事人之间的利益平衡，并可能使保险人面临较大的经营风险。因此，为了维护自身的利益，保险人可以根据被保险人已发生变化的主客观环境，对其风险程度进行重新评估，一旦发现被保险人的风险状况已发生重大变化，承保风险与保险费率已不相匹配，则有权要求被保险人增加保险费。而此时，由于被保险人、保险费率等内容均已发生变化，保险当事人所进行的活动已不再属于保险合同转让权的范畴，而是重新订立食品安全责任强制保险合同。

3. 食品安全责任强制保险合同转让未完成时的责任承担

当被保险人将其食品安全责任强制保险标的转让给第三方时，如果被保险人和第三方均未将此情形通知保险人，将导致保险合同的转让无法完成。此时，如果因第三方的原因而导致食品安全事故发生，保险人是否应对受害人承担保险赔偿责任？

基于侵权责任关系与保险合同关系的相对独立性，实施侵权行为的第三方因未办理保险合同的转让手续而未能成为适格的被保险人，因其食品侵权行为而导致的损害后果似乎应由其自行承担，保险人无须承担保险责任。但是，由于保险标的的转让，第三方在事实上已承继了被保险人在保险合同中的权利义务，如果依然允许保险人以保险合同转让的形式瑕疵为由拒绝承担保险责任，将导致承继保险权利义务的主体无法获得保险保障的结果，在客观上也不利于加强受害人保护。从交强险的类似情形看，《最高人民法院关于审理道路交通事故损害赔偿案件适用法律若干问题的解释》第二十三条规定："机动车所有权在交强险合同有效期内发生变动，保险公司在交通事故发生后，以该机动车未办理交强险合同变更手续为由主张免除赔偿责任的，人民法院不予支持。"换言之，在强制责任保险中，如果保险标的已发生转移，即使当事人未能完成保险合同转让的形式要件，保险人仍应对受害人承担保险责任。这也充分反映了最高司法机关对类似问题的处理态度。据此，在食品安全责任强制保险中，只要保险标的实际发生了转让，无论保险当事人是否完成保险合同变更所要求的形式要件，保险人均须对受害人承担保险责任。唯有如此，才能更好地实现食品

安全责任强制保险加强受害人保护的宗旨。

第四节　基于权力和权利平衡的保险规则设计

在市场经济条件下，虽然国家权力的运用有助于加强公共利益保护，但是，只有将国家干预与市场机制有机结合起来，才能最大限度地实现对公共利益的保护。反映到食品安全责任强制保险中，只有将国家权力与相关主体的权利有机结合起来，并形成相应的保险规则，才能更好地保护相关主体的利益和实现强制责任保险的公益目标。这些规则主要包括确定保险人的规则、确定保险责任限额的规则、保险缔约规则、解约规则等。

一、食品安全责任强制保险人的确定

当前，无论是政策或法律，均未对强制保险的保险人资格和条件作出规定，似乎任何依法成立的保险公司均可成为强制保险的保险人。然而，强制保险的意义在于推动特定公共政策及社会治理目标的实现，如果不对其市场准入和保险人资格进行必要限制，不仅可能导致强制保险市场的无序竞争和混乱状态，甚至可能对其制度功能的发挥及价值目标的实现产生不利影响。因此，在推行强制保险时，保险监管部门往往以行政审批的方式，或者通过直接指定的方式确定保险人。关于这一点，从交强险的做法即可见一斑。《机动车交通事故责任强制保险条例》第五条规定，为了保证机动车交通事故责任强制保险制度的实行，保监会有权要求保险公司从事机动车交通事故责任强制保险业务。尽管我国尚未明确食品安全责任强制保险的保险人资格，但从各地“试点”的情况看，地方政府往往选择一家或几家市场信誉好、经营网点多、偿付能力强、综合实力突出的保险公司来负责经营食品安全责任强制保险。这也从侧面反映出政府对食品安全责任强制保险人资格的基本条件要求。结合我国强制保险市场发展的实际，这些条件应该可以成为确定食品安全责任强制保险人的主要依据。

对于以效益最大化为经营目标的保险人而言，是否选择经营某一类型的保险业务，在根本上取决于其对该业务盈利前景的判断。由于食品安全责任强制保险尚处于起步阶段，在盈利性问题上存在较大的不确定性，再加上受保险技术难题、政策变动风险、保险市场环境变化等因素影响，保险人往往更倾向于对食品安全责任强制保险持观望态度；即使其符合特定的食品安全责任强制保险经营条件，也不一定愿意参与该业务经营。此时，可以借鉴交强险的经验，由地方政府在本地指定或选定保险人，以确保食品安全责任强制保险的顺利推广和稳步发展。与此同时，在食品安全责任强制保险的发展初期，地方政府应根据被指定保险人的经营状况，对发生较大亏损的保险人给予必要的政策支持，以减轻或消除因政府指定而给保险人造成的经营损失，彰显社会公平。当食品安全责任强制保险的发展趋于稳定、保险市场规模逐步扩大、业务联动效应不断显现时，政府应逐步降低食品安全责任强制保险的市场准入门槛，使更多的符合条件的保险人得以平等进入保险市场参与竞争，进而更好地发挥市场机制作用，为实现食品安全责任强制保险的良性发展创造条件。

由此可见，食品安全责任强制保险人的确定本身是一个国家适度干涉与市场自治有机结合的过程。只有对权力和权利进行平衡配置，才能科学地确定食品安全责任强制保险人。

二、食品安全责任强制保险责任限额的确定

保险责任限额是指保险责任范围内的事故发生后，保险人对被保险人或第三人进行赔偿的最高限额。它反映的是被保险人和第三人获得保险保障的程度。通常情况下，投保人可以根据自身的实际需要，与保险人协商确定保险责任限额。但是，对食品安全责任强制保险而言，如果缺乏国家的必要干预，将可能导致其责任限额难以满足受害人保护的基本需要。因此，权力与权利的平衡配置，应成为确定食品安全责任强制保险责任限额的重要基础。

（一）强制责任保险责任限额的确定方式

从我国的既有实践看，强制责任保险责任限额的确定主要有以下两种

方式。一是采取全国统一的保险责任限额。例如，《机动车交通事故责任强制保险条例》第二十三条规定："机动车交通事故责任强制保险在全国范围内实行统一的责任限额。"该模式的优点在于简单易行，并能为受害人提供最基本的保险保障。但是，这是一种固定的法定责任限额制度，它极大限制了被保险人和受害人的保障程度，必将迫使被保险人另外购买第三者商业责任保险作为补充，否则，受害人和被保险人的利益均可能得不到相应的完全保障（韩长印，2012）。二是由投保人根据自身的实际需要自主确定责任限额。例如，在环境污染强制责任保险中，投保企业可以根据本企业环境风险水平、发生污染事故可能造成的损害范围等因素，确定足以赔付环境污染损失的责任限额，并据此进行投保。[①] 该模式的优点在于赋予投保人较大的选择权和自主权，使保险责任限额更加契合被保险人风险管理的实际需要；同时，也有利于降低投保人的保费负担。而其缺点则在于，在现实生活中，影响投保人选择保险责任限额的因素众多，除了风险承受能力、社会责任意识、投保成本、对责任风险的认识外，法律制度、损害赔偿机制，乃至受害人的维权意识等，均会对其选择产生重要影响。而出于节约保费的目的，或者因过度自信、盲目乐观而低估潜在的责任风险等原因，投保人难免会选择过低的责任限额，导致受害人难以获得强制责任保险理应提供的基本保障。同时，如果将保险责任限额的决定权完全交给投保人，将可能完全封杀任意责任保险的发展空间。因为在责任限额相同的情况下，强制责任保险的费率水平将显著低于任意责任保险。显然，这并非"市场在资源配置中起决定性作用"的应有之义。由此，在实践中，应将两种模式有机结合起来，既要充分发挥其各自优势，又要将其潜在的不利影响降至最低。

（二）食品安全责任强制保险责任限额的确定

食品安全责任风险不仅在地区之间存在较大差异，而且在食品细分行业之间也存在较大差异。如果采取全国统一的保险责任限额模式，将难以兼顾不同地区的实际情况，并可能导致部分地区的投保人保费负担过重，

① 参见《关于开展环境污染强制责任保险试点工作的指导意见》。

或部分地区的受害人保障程度过低的情况发生，不仅不利于满足投保人责任风险管理的客观需要，也不利于实现食品安全责任强制保险加强受害人保护的目标。如果完全采取由投保人自行确定保险责任限额的模式，将可能导致责任限额选择的盲目性与随意性。首先，食品安全责任风险的发生具有高度的不确定性和不可预测性。与交通事故责任风险相比，诱发食品安全责任风险的因素更多，也更复杂。微生物污染、细菌性污染、环境污染、管理缺陷、人为故意、其他主体的不当行为等，均可能导致食品安全责任风险的发生；并且，这些因素既可以单独发生作用，也可能混合发生作用，这无形中增加了对其进行事前预测和防范的难度。其次，食品安全事故所造成的损害后果亦具有不可预测性。食品安全事故的发生，既可能造成极其严重的损害后果，也可能造成轻微的损害后果，从投保人的角度看，几乎不可能事前作出准确预判。最后，投保人往往难以成为理性的“经济人”。由于无法对自身所面临的食品安全责任风险作出准确预判，投保人在选择保险责任限额时，既可能高估自身所面临的责任风险，也可能因盲目乐观、侥幸心理而低估自身的食品安全责任风险，还可能纯粹从投保成本的角度考虑保险责任限额的选择。在多种复杂因素的相互交织和影响下，完全由投保人自行决定保险责任限额的模式并不足以成为食品安全责任强制保险的最优选择。相应地，我国在确定食品安全责任强制保险的责任限额时，可以采取介于交强险和环境污染强制责任保险二者之间的“区间责任限额”模式，即为了避免投保人选择过低或过高的保险责任限额，先由国家统一确定食品安全责任强制保险在各食品细分行业的最低责任限额和最高责任限额；在此基础上，投保人可以根据自身对食品安全责任风险的预判和责任风险管理的需求，在最低责任限额和最高责任限额之间自主选择保险责任限额。这一既保底又封顶的责任限额模式，既能够为受害人提供基本的保险保障，又能够避免投保人选择过高的责任限额，对食品安全责任任意保险的发展造成不利影响，同时也能较好地满足投保人多样化的保险保障需求。

由于“最低责任限额”和“最高责任限额”与受害人及保险当事人的利益紧密相关，因此，应将其确定权授予地方立法机关行使。同时，由于食品安全事故往往涉及不特定多数的受害人，为了降低保险人的承保风险，在确定食品安全责任强制保险“最高责任限额”与“最低责任限额”的同时，还应当对每次事故中单一受害人责任限额、单一事故责任限额，以及保险期间内的累计责任限额作出规定。此外，为了确保“最低责任限额”和“最高责任限额”的合理性，地方立法机关应当根据本地经济发展和居民收入水平的变动，对相关保险责任限额进行适时调整，以更好地发挥食品安全责任强制保险在受害人救济和食品安全治理中的作用。

三、食品安全责任强制保险的缔约规则

尽管食品安全责任强制保险赋予了保险当事人缔结保险合同的法定义务，但这并不意味着保险合同的缔结是无条件的。为了更好地实现食品安全责任强制保险的功能，投保人在投保时须具备一定的条件；在特定情况下，保险人亦可以拒绝承保。相应地，在确定食品安全责任强制保险的缔约规则时，应通过权力和权利的平衡配置，将强制性规则与保险当事人的自治规则有机结合起来。

（一）投保食品安全责任强制保险的基本条件

从食品安全责任强制保险的投保人范围看，只有特定的食品生产经营主体方承担缔结保险合同的法定义务。结合企业法、保险法、食品安全法等相关法律的规定看，适格的投保人应同时具备以下条件。

一是其食品生产经营主体资格处于正常状态。这里包含着两层含义。其一，投保义务人已依法取得食品生产经营的主体资格。根据《食品安全法》第三十五条的规定，国家对食品生产经营实行许可制度，从事食品生产、食品销售、餐饮服务，应当依法取得许可。这意味着，要成为合法的食品生产经营主体，不仅要依法办理工商登记并取得营业执照，还要依法取得国家的食品生产经营许可。在未取得法定主体资格的情况下从事食品生产经营，不仅无法被法律所确认，还要承担不利的法律后果，因此，依法取得食品生产经营主体资格是投保食品安全责任强制保险的前提条件。其二，在投保时，投保义务人的食品生产经营主体资格应处于合法有效的状态，不存在证照过期失效、行政许可被撤销，或因严重违法而被吊销的

情形。如果出现以上情形，投保义务人亦因食品生产经营主体资格的丧失而失去投保人资格。

二是符合投保食品安全责任强制保险的基本条件。食品企业的生产经营状况和责任风险状况并非一成不变的。即使在较短的时间内，它也可能发生变化，甚至是较大的变化。而这里的问题在于，应当以哪个时间点来判断食品生产经营主体是否符合投保的基本条件？对此，主要有两种方式：以上一年度为依据和以投保的时间为依据。从保险实践的通行做法看，保险人通常根据投保人上一年度的风险状况来决定其本年度的保险费率及其他保险条件，除非有证据表明，食品生产经营主体在投保时已完全不具备投保的要件，否则，只要其在上一年度符合投保的基本条件，就应承担法定的投保义务。

三是食品安全责任风险被控制在一定的水平上，并为保险人所接受。责任风险的可控性是保险人承保的重要前提。如果投保人的食品安全责任风险过高，以至于有极大的概率甚至必然会发生食品安全事故的，则该风险不具有可保性。从保险人的角度，为了有效控制自身的保险赔付风险，必然会在订立保险合同之前对投保人的食品安全风险状况进行评估。一旦其发现投保人的食品安全风险隐患过多、食品安全责任风险高于正常水平，将要求投保人进行必要的整改，直至将其责任风险控制在与保险费率相匹配、符合承保基本要求的水平之内。如果投保人未能按照保险人的合理要求进行整改，保险人可以拒绝承保。

（二）食品安全责任强制保险人拒保的事由

赋予保险人在特定情况下拒绝承保的权利，其目的在于维护正常的保险市场秩序和实现保险当事人之间的利益平衡。为了确保食品安全责任强制保险公益性目标的实现，应将保险人拒保的权利严格限制在特定的事由上。结合保险法的相关规定以及食品安全责任强制保险的制度特征和目标，在以下情形中，应赋予保险人拒绝承保的权利。

一是投保人拒绝配合保险人进行食品安全责任风险评估，或者在其风险评估不合格时拒绝进行整改，导致保险人难以对其危险程度作出客观判断的情形。事前防灾减损是食品安全责任强制保险的重要功能。通过引入保险人的监督和指导，尤其是在风险控制和管理上的投入，能有效降低食品安全事故发生的概率，取得“内生性”的保险效果（Alana Bartley，2010）。但是，食品安全责任强制保险事前防灾减损功能的发挥，离不开投保人和保险人的相互配合。只有通过对投保人的食品安全责任风险进行评估，才能合理确定其危险程度，为加强食品安全责任风险管理和保险合同的缔结创造必要条件。如果投保人拒绝配合保险人进行事前的责任风险评估，或者拒绝对其存在的食品安全风险隐患进行整改，不仅会导致食品安全责任强制保险的制度初衷难以实现，而且会使保险人承担较高的承保风险，并可能对保险人的权利和利益造成重大损害。因此，将该情形列入保险人拒保的事由，是食品安全责任强制保险的内在要求。

二是对足以影响保险人决定是否承保的“重大事实”，投保人未履行如实告知义务的情形。传统上，投保人如实告知义务最重要的理论基础在于诚信原则（最大诚信原则）和对价平衡原则（李飞，2017）。投保人不履行如实告知义务，无论是积极地“为不实之说明”或消极地“不为据实之说明”，均无法满足作为诚信合同的保险合同所要求的最大善意，且使得保险人无法正确估计其所承担的危险，从而破坏了保险费和危险承担之间的对价平衡关系（江朝国，2006），因此可以成为保险人拒保的重要依据。通常认为，判断投保人是否履行如实告知义务，一看是否把应告知的重要情况全部告知保险人；二看告知的情况是否真实（李章军，2003）。从我国法律关于投保人如实告知义务的规定看，《保险法》第十六条规定：“订立保险合同，保险人就保险标的或者被保险人的有关情况提出询问的，投保人应当如实告知。”据此，我国在立法上采取了询问告知的模式，投保人只须对保险人询问的事项进行告知，便认为其已就重要事实履行了告知义务；对于保险人未询问的事项，投保人并不承担主动告知的义务。在告知内容的真实性判断上，只要投保人依据有关事实或有理由相信的资料进行告知，即可认为是真实的。告知的事实和实际事实大体正确就是真实，出于善意而告知的所相信或希望的资料，也应当认定为真实（李章军，2003）。相应地，在投保食品安全责任强制保险时，投保人应根据有关事实或确有理由相信的资料，对保险人所询问的事项进行如实告知。如果因投保人故意或重大过失未履行如实告知义务，足以影响保险人作出是否承保决定的，保险人有权拒保。

另外，还有一个问题是：投保人未交付保险费能否成为强制责任保险人拒保的理由？对此，有肯定论和否定论两种不同的观点。肯定论认为，如果投保人未按期交付保费，必然会对保险人的偿付能力产生负面影响，甚至可能造成保险人实际收取的保费不足以支付其保险理赔支出，最终对受害人保护产生不利影响。因此，为了避免此不利后果的发生，应当将投保人未交付保险费纳入强制责任保险人法定的拒保事由。否定论则认为，从性质上看，强制责任保险合同依然属于诺成性合同，自双方当事人意思表示一致（即达成合意）时起合同即告成立。如果法律强令投保人在投保时应同时交付保险费，强制责任保险将具有“要物合同”的性质，与其诺成性合同的本质属性相矛盾；并且，强制责任保险的目的在于保护受害人，只有降低合同成立的条件和要求，使合同的成立简便迅捷，方能更好地实现该目的。而“要物合同”性质的存在，将使合同的成立要件更加复杂，与强制责任保险的立法目的相违背。因此，保险合同的成立不应当受到投保人未交付保险费的影响。目前，我国保险立法采纳了否定论的观点。我国《保险法》第十四条规定，保险合同成立后，投保人按照约定交付保险费，保险人按照约定的时间开始承担保险责任。换言之，交付保险费发生在保险合同成立之后，其在性质上属于投保人对保险合同义务的履行，而非保险合同成立的先决条件。就食品安全责任强制保险而言，虽然第一种模式似乎更有利于保障保险人的偿付能力，但是，基于以下三个原因，投保人未交付保险费不应成为保险人拒保的理由。其一，我国历来重视保险人的偿付能力监管，无论是保险立法或保险监管部门所制定的部门规章，均对保险人的偿付能力做出了严格规定；同时，要成为强制责任保险的经营主体，必须经过保险监管部门的严格审核和批准。在此背景下，如果保险人缺乏足够的偿付能力或雄厚的经济实力，根本不可能成为食品安全责任强制保险的保险人。其二，关于投保人交付保险费的时间，双方当事人完全可以通过保险合同来予以约定，无须通过保险人拒保的方式，迫使投保人在保险合同成立前交付保险费。其三，将投保人交付保险费作为保险合同生效的要件，而非保险合同成立的要件，不仅不会损害保险人的利益，而且在客观上更有利于保护受害人的利益。毕竟，只有在保险合同成立之后，受害人才有更大的机会获得保险保障。此外，从交强险的实践看，虽然其并未将投保人未交付保险费纳入保险人拒保的理由，但现实中并未发生投保人严重拖欠保险费的情况。这也从另一个侧面证明，将未交付保险费排除在食品安全责任强制保险人的拒保理由之外，具有合理性与可行性。

由于保险人拒绝承保食品安全责任强制保险将对被保险人及第三人的利益产生重大影响，因此，在对保险人的拒保事由作出规定的同时，还应对保险人的拒保方式作出规定。关于保险人拒保的方式，我国保险法并未作出规定。为了彰显拒保食品安全责任强制保险行为的谨慎性，保险人应当将拒保的决定以书面形式通知投保人。在拒保决定书上，保险人应详细说明拒保的事实依据及理由，并告知投保人实现保险缔约的方式或寻求救济的途径，以尽可能地促成食品安全责任强制保险合同的订立，更好地保护被保险人和第三人的利益。

四、食品安全责任强制保险的解约规则

解约即保险合同的解除。它是指在保险期间内，因一方当事人行使解除权而导致保险合同关系归于消灭的法律行为。尽管保险合同的解除属于当事人意思自治范畴内的事情，但是，就食品安全责任强制保险而言，如果不对其合同解除施以必要限制，将可能对受害人保护产生重大不利影响。因此，在确定其解约规则时，应将国家权力与当事人的自治权有机结合起来。

（一）食品安全责任强制保险合同解除的条件

保险合同解除的前提在于当事人享有合同解除权。它是指当事人仅凭单方的意思表示即可提前终止合同权利义务关系的权利。通常情况下，解除权既可以根据当事人的约定而产生，也可以根据法律的规定而产生。基于食品安全责任强制保险的法定强制性，如果依然允许当事人以约定的方式解除保险合同，强制缔约将失去意义，其加强受害人保护的目标也将难以实现。因此，食品安全责任强制保险合同的解除权，只能由法律加以规

定，当事人不得以约定的方式设定。除了法律赋予当事人合同解除权外，食品安全责任强制保险合同的解除还应当具备以下要件。第一，保险合同仍处于合法有效的状态。如果食品安全责任强制保险合同已被撤销或被确认为无效，或者已履行完毕，则不存在保险合同解除的问题。第二，当事人行使保险合同解除权的条件已经成就。一方面，保险合同解除权的行使，必然与法定的情形相联系；如果未出现法定的情形，当事人不能行使解除权。另一方面，作为形成权，保险合同解除权的行使必然受到除斥期间的限制；如果超过了除斥期间，当事人的合同解除权将归于消灭。关于保险合同解除权的除斥期间，《保险法》作出了一般性规定。该法第十六条第三款规定，保险合同的解除权，自保险人知道有解除事由之日起，超过 30 日不行使而消灭。由此，在我国强制保险立法尚不完善的情况下，可以适用保险法的一般性规定，将当事人行使食品安全责任强制保险合同解除权的期间确定为 30 日，自当事人知道或应当知道合同解除的事由之日起计算；如果当事人未能在此期间行使合同解除权，该权利将归于消灭。第三，当事人在行使保险合同解除权时，应履行法定的义务。根据《民法典》第五百六十五条的规定，当事人一方依法主张解除合同的，应当通知对方，合同自通知到达对方时解除。相应地，当事人在行使食品安全责任强制保险合同的解除权时，应当及时通知对方当事人。如果当事人未将解除合同的意思表示告知对方，则不发生保险合同解除的法律效力。

（二）食品安全责任强制保险合同解除的情形

关于当事人有权解除强制责任保险合同的情形，我国保险立法并未作出专门性规定。但是，《保险法》对责任保险合同解除的情形作出了一般性规定。对投保人而言，其随时都可以主张解除保险合同。[①] 而保险人可以解除保险合同的情形主要包括：投保人故意或重大过失未履行如实告知义务，足以影响保险人决定是否承保或提高保险费率的；未发生保险事故，被保险人或受益人谎称发生了保险事故的；投保人、被保险人故意制造保险事故的；因保险标的转让、投保人未履行食品安全保障义务等原

① 参见《保险法》第 15 条。

因，保险标的的危险程度显著增加的。[①] 鉴于《保险法》主要规范的对象是任意保险，其关于保险合同解除的规定并不完全适用于食品安全责任强制保险。从交强险的立法经验看，一方面，对当事人解除交强险合同的情形进行严格限制。除了法定情形外，双方当事人原则上均不得解除交强险合同。保险公司解除交强险合同的情形仅限于投保人对重要事项未履行如实告知义务；投保人解除合同的情形则主要是由于被保险机动车本身的原因，导致交强险合同的存续已失去现实意义。另一方面，对交强险合同解除的程序作出规定，尽可能维持保险合同的效力。当投保人对重要事项未履行如实告知义务时，保险人应在解除交强险合同前以书面形式通知投保人，并给予其五天的宽限期。如果投保人能够在宽限期内履行如实告知义务的，保险人不得解除保险合同。

结合《保险法》的一般性规定和交强险的立法经验，可以从以下两个方面确定当事人解除食品安全责任强制保险合同的法定情形。其一，为了实现保险当事人的利益平衡及加强受害人保护，在投保人、被保险人严重违反法定义务，并可能对保险人利益及受害人保护产生重大不利影响时，保险人可以解除食品安全责任强制保险合同。这些情形主要包括：投保人、被保险人对重要事项未履行如实告知义务，足以影响保险人是否承保或者提高保险费率的；被保险人严重违反食品安全保障义务，导致食品安全责任风险显著增加的。至于投保人、被保险人故意制造保险事故的情形，因其本身属于食品安全责任强制保险的除外责任范围，因此无须将其纳入保险合同解除的情形中。其二，从投保人的角度，其有权解除食品安全责任强制保险合同的事由应仅限于因自身情况的变化，导致食品安全责任强制保险合同的存续对其失去意义。投保人投保食品安全责任强制保险的目的在于转移食品侵权责任风险，一旦其丧失了食品生产经营主体资格，或终止了食品生产经营活动，保险合同对其便失去了意义。因此，投保人可以解除食品安全责任强制保险合同的情形主要包括：投保人、被保险人被吊销了食品生产经营证照、被依法宣告破产、被撤销、解散，以及其

---

① 参见《保险法》第十六条第二款；第二十七条第一款、第二款；第四十九条第三款；第五十一条第三款；第五十二条。

他丧失食品生产经营主体资格和终止食品生产经营活动的情形。除了法定情形之外，保险人和投保人均不得随意解除食品安全责任强制保险合同。

同时，为了最大限度地维系现有保险合同的效力，立法上还应对保险人解除食品安全责任强制保险合同的程序作出规定。由于食品安全责任强制保险合同的解除将对投保人的利益产生重要影响，因此，为了谨慎起见，保险人在解除保险合同之前，应当以书面形式通知投保人，并给予其合理的宽限期。如果投保人在宽限期内仍未弥补其行为瑕疵或未履行法定义务的，保险人方可以解除食品安全责任强制保险合同。对投保人而言，其只需通知保险人，并向保险人提交其丧失食品生产经营主体资格或终止营业活动的证明材料，即可要求解除食品安全责任强制保险合同。

第五节　违反食品安全责任强制保险规则的民事责任

为了确保食品安全责任强制保险公益目标的实现，在构建其制度规则时，应对保险当事人违反相关规则的法律责任作出规定。保险当事人违反食品安全责任强制保险规则的行为主要包括投保人违反法定的投保义务、保险人违反法定的承保义务、合同内容违反保险强制性规则等。从保险当事人可能承担的法律责任看，既包括行政责任、刑事责任，也包括民事责任。在此，仅就相关民事责任进行讨论。

一、投保义务人未履行法定投保义务的民事责任

在推行食品安全责任强制保险后，符合特定条件的食品生产经营者即负有向保险人投保的法定义务。由于双方系法律地位平等的民事主体，食品安全责任强制保险合同在性质上属于民事合同，因此，投保义务人与保险人的缔约行为属于民事法律行为的范畴。当投保义务人违反食品安全责任强制保险所赋予的投保义务时，应承担相应的民事责任。但问题在于：投保义务人应向谁承担民事责任？如何承担民事责任？

民事责任是当事人不履行民事义务而应当承担的法律后果。在缔结食

品安全责任强制保险合同的过程中，投保义务人与保险人互为对方的义务人。由于食品安全责任强制保险合同的成立仍采取要约与承诺的方式，如果投保义务人拒绝向保险人提出订立保险合同的要约，保险人将无法做出承诺，保险合同也将无法成立。在此意义上，当投保义务人违反投保的法定义务时，似乎应向保险人承担民事责任。然而，在投保义务人向保险人发出订立保险合同的要约之前，二者之间并不存在任何权利义务关系。一方面，经营食品安全责任强制保险的保险人并不具有唯一性和特定性。为了实现保险市场的适度竞争和提高保险服务的质量，保险监管部门往往会批准多个保险人同时开展食品安全责任强制保险业务，即使是在同一行政区域之中，保险人也往往不具有唯一性。并且，虽然投保义务人承担着投保的法定义务，但其依然享有自由选择保险人作为缔约对象的权利；在其作出最终选择之前，与之相对应的保险人并不具有特定性。另一方面，对保险人而言，虽然其承担着承保食品安全责任强制保险的法定义务，但是，作为与投保义务人法律地位平等的主体，它无权强迫投保义务人向其发出订立保险合同的要约；而即使因投保义务人拒绝发出要约而导致食品安全责任强制保险合同未能订立，保险人也不承担任何法律责任。因此，当食品安全责任强制保险合同未能成立时，并不存在投保义务人向保险人承担民事责任的问题。在食品安全责任强制保险的法律关系中，还有一个与投保义务人存在紧密联系的主体——食品侵权的受害人。它因投保义务人的食品侵权行为而对其享有损害赔偿请求权，同时也因食品安全责任强制保险合同的合法存在而获得保险人的保险保障。对消费者而言，投保义务人是否依法履行投保义务，是影响其选择交易对象的重要因素，因为这不仅反映了投保义务人的诚信状况和法律意识，而且将对消费者权益保护产生直接影响。相应地，在投保义务人承担法定投保义务的情况下，消费者理所当然地对其享有信赖利益。它既包括受害人对投保义务人依法履行食品安全保障义务的信赖，也包括对投保义务人履行投保食品安全责任强制保险法定义务，为消费者提供保险保障的信赖。对投保义务人而言，依法投保食品安全责任强制保险，是与消费者进行食品交易的“先合同义务”。当投保义务人未履行法定投保义务时，即认为其违反了“先合同义务”，损害了消费者的信赖利益，应对其承担相应的民事责任。据此，当投保义务人未依法投保食品安全责任强制保险时，应当向食品安全事故的受害人承担民事责任。

负有强制缔约义务的主体在违反该义务时，可能构成缔约过失责任，因为它发生在缔约阶段，并且一方有理由相信另一方会遵守法定的订约义务，该信赖具有正当性，而违反强制缔约义务造成了其信赖利益的损失（王利明，2002）。但是，一方面，在食品安全责任强制保险合同中，与投保人相对应的另一方当事人是保险人，而非受害人，并且导致受害人受到损害的基础原因也不在于保险法律关系，而在于食品侵权法律关系，因此，尽管食品安全责任强制保险合同因投保义务人未履行法定投保义务而未能成立，但缔约过失却不足以成为受害人向其主张损害赔偿责任的充分理由。另一方面，投保义务人未依法投保食品安全责任强制保险，使受害人失去了应有的保险保障，并增加了其获得损害赔偿的难度。据此，为了避免投保义务人恶意逃避法定的投保义务，同时为受害人提供基本的保险保障，立法上可以要求投保义务人比照已投保的情形，先行在食品安全责任强制保险的责任限额内承担损害赔偿责任；受害人亦可以侵权人未履行法定投保义务，并导致自己信赖利益损失为由，要求其在食品安全责任强制保险的责任限额内进行赔偿。从交强险的实践看，这一损害赔偿模式已得到了司法机关的认可。《最高人民法院关于审理道路交通事故损害赔偿案件适用法律若干问题的解释》第十九条规定："未依法投保交强险的机动车发生交通事故造成损害，当事人请求投保义务人在交强险责任限额范围内予以赔偿的，人民法院应予支持。"换言之，即使机动车侵权责任尚未最终认定，受害人亦可以通过侵权人的先行赔偿获得救济。将这一模式运用于食品安全事故，无疑将有利于加大对受害人的保护力度。当然，侵权人在食品安全责任强制保险的责任限额内先行赔偿，并不意味着其损害赔偿责任的终结。如果最终认定的食品侵权责任高于食品安全责任强制保险的责任限额，侵权人仍须就超过部分继续承担损害赔偿责任。

二、保险人未履行法定承保义务的民事责任

作为食品安全责任强制保险的承保机构，保险人承担着与投保义务人

缔结保险合同的法定义务。而与投保义务人不同的是，在订立保险合同的过程中，保险人始终处于被动的地位，只有当符合条件的投保义务人向其提出缔约要求时，方承担缔结食品安全责任强制保险合同的义务。如果保险人无正当理由拒绝履行法定的承保义务，并因此造成投保义务人或第三人的利益损害，须承担相应的民事责任。那么，应如何确定保险人的民事责任？相对人应如何进行救济？

对投保义务人而言，如果保险人无正当理由拒绝缔结食品安全责任强制保险合同，将导致其无法履行法定的缔约义务，并对其食品生产经营造成不利影响。在推行食品安全责任强制保险后，依法投保或将成为投保义务人从事食品生产经营的必要条件。一旦保险人拒绝与其缔结保险合同，将严重影响投保义务人的食品生产经营主体资格或正常的食品生产经营活动，并可能给其造成较大的经济损失，因此，保险人须对投保义务人承担相应的民事责任。关于该民事责任的性质，本书认为，在此情形下，应构成缔约过失责任与侵权责任的竞合。因为从投保义务人的角度看，如果因保险人未履行法定承保义务而给其造成损害，既可以根据合同法的规定要求保险人承担缔约过失责任，也可以根据侵权法的规定要求保险人承担侵权损害赔偿责任。对此，投保义务人享有选择权。当其中一个请求权实现后，另一个请求权则归于消灭。但无论依据缔约过失责任或侵权责任主张权利，在具体确定保险人的损害赔偿责任时，均须考虑双方当事人的过错程度。如果投保义务人被某保险人拒绝承保后，在较长的时间内不再寻求与其他经营食品安全责任强制保险的保险人缔约，并因此导致缔约失败和自身的利益损害，应认定其主观上存在重大过错，保险人不应对此承担损害赔偿责任。但是，在特定情况下，如果保险人拒绝承保的结果是剥夺了投保义务人另行投保的机会，并造成了投保义务人的利益损失，则应根据其过错程度承担相应的损害赔偿责任。例如，由于保险人的懈怠、无故拖延和最终的拒绝承保，致使投保义务人无法在特定期限前完成缔结食品安全责任强制保险合同的义务，也无法另行与其他保险人缔约，并因此受到了经济损失的，此时保险人应对投保义务人承担相应的损害赔偿责任。另外，保险人拒绝履行承保的法定义务，可能会增加投保义务人的侵权损害赔偿支出和保费支出。在保险合同未能及时订立的情况下，投保义务人将无法通过食品安全责任强制保险来转移其食品侵权责任风险；一旦发生食品安全事故并给消费者造成损害，投保义务人的损害赔偿支出将显著增加。由于任意责任保险的保险费率要远高于强制责任保险，因此，即使投保义务人寻求通过任意责任保险来转移食品侵权责任风险，其保费支出也将明显增加。为了防止保险人恶意逃避承保的法定义务，更好地保护投保义务人的利益，可以在食品安全责任强制保险中引入交强险的成功经验。根据《最高人民法院关于审理道路交通事故损害赔偿案件适用法律若干问题的解释》第二十条的规定，“具有从事交强险业务资格的保险公司违法拒绝承保、拖延承保或者投保违法解除交强险合同，投保义务人在向第三人承担赔偿责任后，请求该保险公司在交强险责任限额范围内承担相应赔偿责任的，人民法院应予支持”。相应地，在投保义务人向受害人承担侵权损害赔偿责任后，可以比照食品安全责任强制保险合同已订立的情形，要求保险人在保险责任限额内承担相应的赔偿责任。

三、合同内容违反保险强制性规则的民事责任

强制缔约制度如果仅仅排斥当事人订立合同的自由，而不排斥其确定合同内容的自由，则根本无法实现其制度功能（朱岩，2011）。虽然保险当事人依法履行了缔结保险合同的义务，但如果合同在内容上违反了食品安全责任强制保险的强制性规则，其亦应承担相应的民事责任。这些违反食品安全责任强制保险强制性规则的情形包括未按照统一的保险条款缔结保险合同、保险责任范围与保险规则不符、保险责任限额与保险规则不符、基础保险费率及其浮动范围与保险规则不符、除外责任与保险规则不符等。由于保险合同在内容上可以划分为若干个相对独立的部分，当当事人订立的保险合同条款违反食品安全责任强制保险的强制性规则时，既可能导致保险合同的整体无效，也可能导致保险合同的部分无效。而无论食品安全责任强制保险合同最终被认定为整体无效或部分无效，均涉及当事人的责任划分及民事责任承担的问题。

从食品安全责任强制保险合同订立的角度看，虽然保险人与投保人处于平等的法律地位，但是，基于保险合同的附和性，在订立食品安全责任

强制保险合同的过程中，投保人仅享有选择保险人和决定是否接受保险合同条款的权利，而无权决定保险合同的具体内容，更不可能对保险合同内容作出变更。而作为专业从事保险业务经营的主体，保险人在承担缔结保险合同法定义务的同时，应承担比投保人更高的谨慎和注意义务，并确保其所提供的食品安全责任强制保险合同合法有效。如果因其所提供的保险合同条款违反食品安全责任强制保险的强制性规则而导致保险合同无效或部分无效，保险人应承担全部或主要的民事责任。对投保人而言，则仅根据其过错程度承担次要的民事责任或不承担民事责任。

在民事责任的承担方式上，如果食品安全责任强制保险合同被确认为整体无效或被撤销的，投保人可以要求保险人承担返还保险费、恢复原状的民事责任；同时，投保人也可以要求保险人承担继续履行的民事责任，即通过重新签订食品安全责任强制保险合同，在双方之间形成新的合法有效的保险合同关系。如果食品安全责任强制保险合同被认定为部分无效的，投保人可以要求保险人对无效的保险条款进行修订，重新赋予其合法性。而无论食品安全责任强制保险合同被认定为无效或部分无效，只要造成投保人或第三人合法利益受到损害的，保险人均应承担相应的赔偿损失责任；如果投保人对损害的发生也有过错的，应根据其过错程度承担相应的责任。

第六节　本章小结

食品安全责任强制保险的制度规则设计，既要着眼于解决实践中所面临的问题，也要彰显食品安全责任强制保险的基本理念，更好地实现相关主体的利益平衡。因此，可以通过国家权力和保险当事人义务的平衡配置、保险主体权利和义务的平衡配置，以及国家权力和保险当事人权利的平衡配置，构建食品安全责任强制保险的制度规则。

食品安全责任强制保险的基本理念包括以受害人保护为中心的理念、政府适度干预与市场化运作相结合的理念，以及利益兼顾与平衡的理念。它贯穿于食品安全责任强制保险规则制定与实施的全过程。基于权力和义务平衡的食品安全责任强制保险规则包括确定投保人的规则、确定保险责任范围的规则、确定保险费率的规则、确定除外责任的规则等。这些规则在性质上属于强制性规则，保险当事人均有义务遵从，不得依其自由意志任意变更。基于权利和义务平衡的食品安全责任强制保险规则主要包括第三人直接请求权规则、保险人参与权和代位追偿权规则，以及保险当事人合同变更权和转让权规则等。这些规则的目的在于通过比较和权衡相关保险主体在食品安全责任强制保险中的地位，在赋予特定主体权利的同时，使相对方承担相应的义务，以加强对弱势主体利益的保护和实现各保险主体的利益平衡。基于权力和权利平衡的食品安全责任强制保险规则包括确定保险人的规则、确定保险责任限额的规则、保险缔约规则、保险解约规则等。食品安全责任强制保险是国家强制与市场自治相结合的一种形式。为了确保其公益性导向，国家应对其加以适度干预；同时，为了提高食品安全责任强制保险的运行效率和灵活性，应将国家干预与市场自治规则有机结合起来，使强制责任保险在食品安全治理中的作用得到更好的发挥。

当保险当事人违反食品安全责任强制保险的强制性规则时，应承担相应的民事责任。当投保义务人未履行法定投保义务时，应向受害人承担民事责任；受害人则可以以信赖利益损失为由，要求投保义务人在食品安全责任强制保险的责任限额内承担损害赔偿责任。当保险人未履行法定的承保义务，并给投保人造成利益损失时，投保人可以以缔约过失责任或侵权责任为由，要求其承担相应的民事责任。在合同内容违反食品安全责任强制保险强制性规则的情形中，保险人应承担主要的或全部的民事责任，投保人仅根据其过错程度承担次要的民事责任或不承担民事责任。保险人因食品安全责任强制保险合同被认定为无效或部分无效而应承担的民事责任包括返还保险费、恢复原状、继续履行、赔偿损失等。

第七章

食品安全责任强制保险立法体系的完善

食品安全责任强制保险的制度构建，既要着眼于基本规则的构建，也要着眼于立法体系的完善。通过建立和完善食品安全责任强制保险的立法体系，不仅能够解决其所面临的上位法依据不足问题，赋予其合法推行的地位，而且能够将其制度规则进一步上升为法律，形成具体的法律制度，使制度构建的目标最终得以实现。

第一节　食品安全责任强制保险的立法权分配

为了更好地发挥食品安全责任强制保险的制度功能，在对其立法体系进行构建时，应充分考虑各地食品安全治理的实际，既要实现立法的统一性，也要合理兼顾立法的灵活性。为此，只有对食品安全责任强制保险的立法权加以合理分配，才能为其立法体系的科学构建奠定基础。

一、立法权分配的基本模式

我国实行的是一元、两级、多层次的立法体制，即立法体制是一体化的、统一的，立法权可以划分为中央立法权和地方立法权两个层级，每个层级又可以划分为若干的层次和类别（卢云，2003）。从立法权的运用看，我国应尽可能地加强中央立法，尽量减少地方分散立法，以维护法律的权威和实现法制的统一（谢怀栻，1993）。通常情况下，国家统一立法与地方分散立法的选择应取决于立法的具体事项和内容。凡是在全国范围内具有共性特征，并适合进行全国统一立法的事项和规则，应当由中央立法机关统一作出规定；只有涉及具有地方特色和区域性特征、不具备全国统一立法基础的事项和规则，才适合采用地方分散立法的方式作出规定。中央立法和地方立法并非对立的，中央立法在整个立法活动中占据主导地位，地方立法则起着执行和补充国家立法的作用。中央立法需要地方立法加以补充和具体化；地方立法则必须以中央立法为依据，不得与中央立法相抵触，同时必须以国家权力机关的授权为根据，并遵循宪法的规定和符合法律、行政法规的基本原则（彦法和日晶，1994）。由此，将统一立法与分散立法有机结合起来，不仅有利于构建形成协调统一的立法体系，而且有利于兼顾立法的统一性与灵活性，使法律制度的功能得到更好的发挥。

二、食品安全责任强制保险的立法权分配

食品安全责任强制保险的立法权分配，不仅直接关系到其立法体系完善的问题，而且将对其制度规则的制定与实施产生重要影响。由于食品安全责任强制保险立法并不属于《立法法》第八条所规定的只能制定法律的事项，因此，在不与上位法发生冲突的前提下，其立法形式可以是法律、行政法规、地方性法规等。在对食品安全责任强制保险进行立法时，如果将其立法权完全交给中央立法机关统一行使，有利于实现立法的统一性，并提高立法的层级，确保食品安全责任强制保险在全国范围内得到顺利推行。而其缺点则在于，由于食品安全责任风险存在较大的地区差异，如果完全采取全国统一立法的模式，将导致食品安全责任强制保险立法的灵活性不足，难以有效满足各地加强食品安全治理的现实需要。如果把食品安全责任强制保险的立法权完全交由地方立法机关行使，虽然能更好满足地方对立法的灵活性要求，但却无法实现立法的统一性，并且在实践中还可能产生诸多不利影响。其一，将产生食品安全责任强制保险的内部冲突问题。由于缺乏全国统一的保险规则，各地只能根据本地实际分别确定各食品行业和领域的食品安全责任强制保险规则。这将导致在同一食品行业和

领域内，因地域不同而适用不同的保险合同规则，并形成食品安全责任强制保险的内部冲突。在统一食品市场和保险公司全国统一经营的背景下，这必然会产生诸多新的复杂问题，并可能对保险市场竞争和食品市场竞争产生不利影响，食品安全责任强制保险的制度成本也将因此而大大增加。其二，如果缺乏对地方立法权的必要约束，将可能对受害人保护和利益平衡目标的实现产生不利影响。由于我国在立法上尚未确立强制责任保险的统一规则，如果将食品安全责任强制保险的立法权完全交给地方，将可能导致保险主体重要权利的缺失，并对其利益保护产生不利影响。此外，在制定保险规则时，“受害人基本保险保障所必须”是一个具有较强主观性的标准，一旦地方把握不当，亦将对食品安全责任强制保险制度目标的实现产生不利影响。据此，对食品安全责任强制保险而言，统一立法与分散立法相结合具有重要意义。通过对食品安全责任强制保险的立法权进行合理分配，不仅有利于实现对保险当事人基本权利和重大社会利益的保护，而且能够合理兼顾地方差异和地方利益，使食品安全责任强制保险的制度功能得到更好的发挥。

在对食品安全责任强制保险的立法权进行分配时，可以借鉴我国环境污染强制责任保险的经验。首先，在党中央和国务院的大力支持下，生态环境部出台了《环境污染强制责任保险管理办法》，对实施环境污染强制责任保险的具体事项作出了规定，建立了环境污染强制责任保险的统一规则。其次，在对全国范围内应当投保环境污染强制责任保险的主体作出统一规定的同时，亦明确“地方性法规、地方人民政府制定的规章或者规范性文件规定应当投保环境污染责任保险的企业，应当投保环境污染责任保险”。通过将统一规则的制定与地方立法有机结合的方式，既实现了环境污染强制责任保险在全国范围内的统一实施，又合理兼顾了地区差异。与环境污染责任风险相比，食品安全责任风险的地域性特征更加突出，地区差异性更加明显，因此，在对其立法权进行分配时，应对其中央立法权和地方立法权的内容作出明确界定。总体上看，凡适合和应当在全国范围内制定统一规则的事项，应当由中央立法作出规定。从食品安全责任强制保险的制度规则看，它主要包括：（1）应在全国范围内统一确定的强制投保范围、保险当事人的基本权利和义务、保险责任范围、除外责任等；（2）食品安全责任强制保险的缔约规则、合同变更和转让规则、解约规则、保险监管、法律责任等。从地方立法权的行使范围看，它主要集中在以下两个方面。(1) 应当由地方自行确定的强制投保范围。在不与中央立法相冲突的前提下，地方立法机构可以根据本地实际，并以地方性法规的形式，对本行政区域范围内的重点和高风险食品生产经营主体作出强制投保的规定。(2) 适合由地方确定的保险费率制度、保险责任限额等。地方立法机关可以根据中央立法所确定的基本原则，制定适用于本地区的保险费率制度，并确定食品安全责任强制保险在本地所适用的责任限额。

第二节　食品安全责任强制保险立法体系的完善

立法体系的构建，必须充分考虑现实的国情和立法条件。中国食品安全责任强制保险仍处于“试点”阶段，无论是实践经验的积累或立法条件的成熟，均需要经过较长的时间。因此，我国应着眼于食品安全责任强制保险的中长期立法规划，在对现有法律逐步加以修订和完善的同时，积极创造条件，不断完善各层级的法律，最终形成一个由法律、行政法规和地方性法规组成的食品安全责任强制保险立法体系。

一、完善《保险法》的相关规定

食品安全责任强制保险在性质上依然属于商业保险的范畴，因此，商业保险立法依然是推行食品安全责任强制保险的重要依据。关于责任保险，尽管《保险法》第六十五条和第六十六条作出了一般性规定，但从内容上看，其所涉及的是保险人和第三人之间的“直接给付请求权”关系，以及保险人和被保险人之间的“赔偿责任分配”关系，并未涉及强制责任保险的问题。同时，责任保险立法十分粗略，许多内容分别通过法律、行政法规、司法解释等形式作出规定，立法层级和位阶不一致，且在内容上存在矛盾，增加了适用的难度（王德明，2014）。而与强制保险相关的问题，仅体现在《保险法》第十一条第二款和第一百八十六条第二款的规定中，明确了推行强制保险的依据在于法律和行政法规，其立法目的在于防止地方政府和各部委利用行政权力强制推行商业保险，损害保险当事人的合法权益。但是，在我国经济社会转型升级的背景下，社会公共风险日益呈现出复杂性和多样性特征，对社会和谐稳定所造成的威胁也愈发严重，如果完全排斥地方推行强制保险的权力，将难以满足我国运用强制保险手段防范和化解重大公共风险的现实需要。

随着中国保险市场和保险业的发展，保险在处理突发事件、实现社会和谐稳定中的作用更加突出，仅法律和行政法规有权确定强制责任保险显得过于严格（杨华柏，2006）。为了推动强制责任保险的健康发展，我国应进一步完善《保险法》的相关规定。一方面，从短期的立法规划看，国家立法机关应着眼于修订《保险法》第十一条第二款的规定，将强制保险的立法主体扩展至省级权力机构。鉴于强制保险是对当事人契约自由和意思自治的重大限制，在适用时应极其谨慎，如果将其立法权授予国务院各部委或地方行政机关行使，极易造成强制保险的过度滥用，并对保险市场主体的自由权和自治权造成损害，因此，在对《保险法》进行修订时，只宜将强制保险的立法权扩展至省级权力机构，由其根据本地实际，以地方性法规的形式对地方性强制保险作出规定。另一方面，从中长期的立法规划看，我国应着眼于推动强制保险的专门立法。当前，由于我国缺乏具有统领性的强制保险法律规范，导致其立法体系中存在诸多问题。这具体表现在：强制保险立法体系内部缺乏统一性与协调性，立法冲突与越权立法现象突出，并且存在“覆盖范围有限、规则可操作性较差、立法效力存在漏洞、立法术语使用的严谨性不够”等诸多问题（郭锋和胡晓珂，2009）。为此，在时机成熟时，我国应积极推动强制保险的专门立法。在立法形式上，既可以考虑在《保险法》中增加“强制保险”的专章规定，也可以考虑制定专门的商业强制保险法。在这两种形式中，本书更倾向于支持后一种形式，因为从《保险法》的内容看，其所规范的对象主要是商业任意保险，而非以社会公共利益为宗旨的商业强制保险，而制定专门的商业强制保险法，有利于进一步理顺商业任意保险与商业强制保险的关系，推动包括食品安全责任强制保险在内的各种强制保险的健康发展。

二、完善《食品安全法》的相关规定

从更深层次上说，食品安全责任强制保险对国家整体经济实力、政府监管水平、保险行业的成熟程度、市场主体的经营水平和能力，以及法治环境提出了更高的要求（卢玮，2015）。而从我国目前的情况看，不仅强制保险立法尚存在诸多问题，而且食品安全责任强制保险仍处于“试点”阶段，无论是对其制度的认识或具体规则的构建，均需要一定的时间。如果忽视了这一现实的立法环境和立法条件，冒然地全面推行食品安全责任强制保险，不仅难以实现其制度功能，甚至可能对政府形象及立法的权威性产生负面影响。这也是《食品安全法》最终放弃了食品安全责任强制保险，选择以“鼓励”的方式推行食品安全责任保险的原因。同时，这也充分反映了立法部门对当前推行食品安全责任强制保险的审慎态度。立法在着眼于现实环境和条件的同时，也应具有一定的前瞻性和预见性。法律是社会实践经验的总结，但这并不意味着它只能消极地承认现实，也不意味着立法的目的仅在于维持某种现状或肯定现实，而是要对现实或多或少地作出创造性的规定，以便于从法律上把握未来（卢云，2003）。而从《食品安全法》第四十三条第二款关于“国家鼓励食品生产经营企业参加食品安全责任保险”的表述看，显然未能体现立法的原则性、灵活性与前瞻性相结合的原则。它既未考虑国务院对待食品安全责任强制保险的态度，也未考虑我国业已推行的食品安全责任强制保险“试点”，不仅直接导致了食品安全责任强制保险的合法性质疑，而且在一定程度上损害了政府形象，并对食品安全责任强制保险的发展造成了重大障碍。因此，在立法上，有必要对该条款作进一步的修订和完善。

从客观上看，我国并不具备强制所有食品生产经营主体投保食品安全责任保险的现实条件，而食品安全责任任意保险“供求双冷”的状况在短期内也难以发生根本改变，因此，只有将食品安全责任强制保险与任意责任保险有机结合起来，使二者得以有机结合、互为补充和协调发展，才能更好地发挥保险在我国食品安全治理中的作用。相应地，食品安全责任保险立法的核心问题并不在于对任意责任保险和强制责任保险进行非此即彼的选择，而在于如何协调和处理二者之间的关系。反映到食品安全立法上，尽管我国尚不具备全面推行食品安全责任强制保险的条件，但应当为其发展留下必要空间。据此，可以对《食品安全法》第四十三条第二款作出以下修订：在原条款的基础上，增加一个但书性的条款“但其他法律、行政法规，或国务院有不同规定的，从其规定”。这不仅能够解决食品安全责任强制保险“试点”及相关规范性文件的合法性问题，而且能够增加相关政策制定和实施的灵活性，为食品安全责任强制保险的发展创造必要条件。

三、对食品安全责任强制保险进行专门立法

如果说修订《保险法》和《食品安全法》的目的在于为食品安全责任强制保险的推行提供上位法依据，那么，进行专门立法的目的则在于为食品安全责任强制保险的推行提供具体的、具有可操作性的制度规则。根据立法权的分配，食品安全责任强制保险专门立法包括国家层面的专门立法和地方层面的专门立法。国家层面的专门立法主要是制定施行于全国的食品安全责任强制保险制度规则；地方层面的专门立法则是针对特定的事项，在不与国家统一立法相冲突的前提下，制定适用于地方行政区域范围内的食品安全责任强制保险规则。从国家专门立法的层面，最高行政机关应根据《保险法》和《食品安全法》，制定专门的食品安全责任强制保险条例，对食品安全责任强制保险的基本原则、统一的强制投保范围、保险合同、保险经营、保险理赔、保险监管、除外责任、法律责任等作出规定。同时，为了最大限度实现立法的统一，避免地方在进行食品安全责任强制保险立法时的随意性与盲目性，食品安全责任强制保险条例还应当对地方立法权行使的基本原则、立法权限范围等重要问题作出原则性规定，以约束地方立法机关的行为，确保立法的科学性。此外，《立法法》第七十三条规定，为执行法律、行政法规的规定，需要根据本行政区域的实际情况作出具体规定的事项，可以由地方性法规作出规定。据此，在法律和行政法规的基础上，地方立法机关应从本地防范食品安全责任风险的实际需要出发，制定食品安全责任强制保险的地方性法规，对本地强制投保的

食品行业和领域、保险费率制度、保险责任限额等作出规定，使食品安全责任强制保险得以在本地有效推行。

第三节 立法完善前的现实选择和前景展望

无论是法律的修订或行政法规的制定，均需要经过缜密的论证和严格的立法程序，并耗费较长的时间，因此，在现实的法律环境下，只有积极创新食品安全责任强制保险的发展模式，才能深入推动其实践的发展，并为其立法体系的逐步完善创造有利条件。而展望未来，食品安全责任强制保险仍将是我国加强食品安全治理的重要手段，其发展前景依然可期。

一、食品安全责任强制保险立法完善前的现实选择

立法体系主要由法律、行政法规、地方性法规、部门规章等不同层级的规范性法律文件构成。为了实现内部的协调与统一，立法体系的构建往往遵循着从上到下的基本路径，即先以法律的形式对重大问题作出规定；再根据执行法律的需要制定行政法规；最后由地方根据本行政区域的实际制定地方性法规，作为法律和行政法规的必要补充。然而，就食品安全责任强制保险而言，在制定法律和行政法规的时机尚未成熟的情况下，如果缺乏制度创新意识，墨守成规，将可能对其发展造成不利影响。本书认为，在现实的立法条件和法律环境下，我国可以通过以下三种方式，继续推动食品安全责任强制保险实践的发展，并为其立法体系的构建创造有利条件。

一是借鉴环境污染强制责任保险的发展模式，继续推动食品安全责任强制保险统一规则的制定和相关实践的发展。对环境污染强制责任保险而言，其同样面临着与食品安全责任强制保险类似的上位法依据不足问题，但是其发展却并未因此而受到影响。一方面，在相关立法尚未完善的情况下，以党中央、国务院关于生态环境保护的精神为指引，并以国务院的相关文件为依据，推动环境污染强制责任保险统一规则的建立。2015 年 9 月，

党中央、国务院印发的《生态文明体制改革总体方案》提出“在环境高风险领域建立环境污染强制责任保险制度”；2016 年 8 月，经党中央、国务院同意，由环境保护部等部门联合印发的《关于构建绿色金融体系的指导意见》提出，在环境高风险领域建立环境污染强制责任保险制度。以此为依据，2018 年 5 月 7 日，生态环境部审议通过了《环境污染强制责任保险管理办法》，建立了环境污染强制责任保险的统一规则。另一方面，始终坚持实践先行的发展路径，通过推动环境污染强制责任保险试点的开展，为环境污染强制保险的立法完善创造条件。为了充分发挥强制责任保险在环境污染治理中的作用，近年来，相关部门始终致力于推动环境污染强制责任保险实践的发展，而随着《环境污染强制责任保险管理办法》的颁布实施，环境污染强制责任保险也必将得到更快的发展。至于其立法形式，则可以视为未来制定行政法规、法律的前期准备（于海纯，2015）。从食品安全责任强制保险的情况看，尽管其“试点”仍在继续，但由于缺乏统一的制度规则，不仅其实践将面临诸多问题，而且其立法也将因此而受到不利影响。为此，可以借鉴环境污染强制责任保险的做法，由国家食品监管部门、保险监管部门等联合出台部门规章，为食品安全责任强制保险“试点”的开展提供统一的制度规则。而随着统一规则的制定和实践的深入发展，食品安全责任强制保险的立法条件和立法时机将逐渐成熟，对其立法体系进行完善也将水到渠成。

二是通过制定和完善地方性法规，以“类强制”的方式推动食品安全责任保险发展。在食品安全责任强制保险面临法律困境、任意责任保险“供求双冷”的背景下，如果缺乏路径创新，将难以满足我国运用保险手段加强食品安全治理的现实需要。对此，本书认为，上海市的实践能够为我国食品安全责任强制保险发展提供新的路径。它通过制定地方性法规，赋予了高风险食品生产经营企业主动投保食品安全责任保险的义务。从其规范的内容看，食品生产经营企业在投保选择上仍享有相对较大的意思自治空间，其所承担的投保义务在强制性程度上明显低于强制责任保险，因此，这只是一种以“类强制”方式推行的食品安全责任保险，并非严格意义上的食品安全责任强制保险。但是，它有效推动了高风险食品企业主动投保，确保了地方能够运用保险手段加强重大食品安全风险管理；同时，它也为地方政府加强食品安全监管提供了法律依据，并为食品安全责任强制保险的发展积累了经验、创造了条件。

三是可以借鉴欧盟的“事实强制”模式，将投保食品安全责任保险与特定的行政监管事项相联系，间接实现强制责任保险的政策性意图。从欧盟的相关立法看，其既未直接规定食品安全责任强制保险，也未要求食品企业必须投保责任保险，但其法律规定，所有的食品企业都要登记注册。在对食品企业进行登记注册时，行政监管部门往往要求食品企业投保650万欧元的公众责任赔偿险、1300万欧元的雇主责任赔偿险，以及某种形式的产品责任保险，因此，尽管欧盟国家的食品安全保险仍属于任意保险的范畴，但具有实际上的强制性。[①] 在食品安全责任强制保险的立法体系尚未完善之前，这一模式同样可以为我国所借鉴。对于高危食品生产经营企业，国家有关部门可以将其市场准入与投保食品安全责任保险相挂钩；地方立法部门也可以通过制定地方性法规，或者完善相关行政监管制度，将投保食品安全责任保险与企业的风险评估、信用记录等事项相联系，促使特定的食品生产经营主体主动投保食品安全责任保险。

总体上看，立法体系的不完善并未完全阻断食品安全责任强制保险的发展空间。通过借鉴环境污染强制责任保险的实践经验，或者通过出台部门规章、完善地方性法规和食品安全监管制度，以“类强制”或“事实强制”的方式推行食品安全责任保险，不仅能够取得与食品安全责任强制保险类似的法律效果，而且能够为食品安全责任强制保险发展开辟新的路径，继而更好地满足各地运用保险手段管理食品安全风险的现实需要。

二、食品安全责任强制保险发展的前景展望

不可否认，立法的滞后在一定程度上影响了食品安全责任强制保险的发展。但是，这并不足以成为从根本上否定食品安全责任强制保险的理由。毕竟，在自由保险市场难以充分发挥作用的背景下，食品安全责任强

---

① 参见保监会专报信息（2014）第93号，2014年8月25日。

制保险仍将是我国应对食品安全公共风险和加强受害人保护的重要手段。而更重要的是，从党中央、国务院所印发的文件到地方的食品安全立法，无不清晰表明了中国通过推行食品安全责任强制保险，加强食品安全风险治理，更好保护受害人的意图，因此，食品安全责任强制保险在我国的立法前景依然值得期待。另一方面，尽管“类强制”和“事实强制”模式为我国食品安全责任保险发展提供了新的路径，但是，这并不意味着它可以完全取代食品安全责任强制保险。与地方所采取的“类强制”模式相比，食品安全责任强制保险在内容及制度规则上更加明确，对政府职能的界分更加清晰，也更加契合我国政府职能转变的客观要求。而与欧盟的“事实强制”模式相比，食品安全责任强制保险的灵活性更强、目标更加明确，实施效果也将更加突出。因此，与“类强制”或“事实强制”的模式相比，食品安全责任强制保险在加强食品安全治理和受害人保护上仍具有突出的制度优势。

总体上看，食品安全责任强制保险立法在时间和进度上仍具有较大的不确定性。一方面，在既有的法律环境下，食品安全责任强制保险实践的推进将是一个极其缓慢的过程。由于现行立法既未明确将强制保险的立法权授予地方，也未明确确立食品安全责任强制保险的合法地位，食品安全责任强制保险实践的推进将面临诸多难题。而实践的滞后，不仅会对食品安全责任强制保险基本规则的制定造成不利影响，而且会对立法条件和立法环境造成不利影响。另一方面，立法的推进和实现总是与特定时期的经济社会形势紧密相关。就食品安全责任强制保险而言，随着我国不断完善相关立法，加大对食品违法犯罪行为的打击力度和着力推动食品安全监管模式创新，我国的食品安全形势将朝着日益好转的方向发展。与之相对应的是，在短期内，无论是社会公众、政府部门或立法部门，其对食品安全责任强制保险的关注度和立法的紧迫性均会有所降低。这又在一定程度上阻滞了食品安全责任强制保险实践的发展，增加了其立法时间和进程的不确定性。然而，应当看到的是，加强人权保护、维护消费者合法权益、推动社会公平正义将是不可逆转的时代潮流。在我国尚无法从根本上解决食品侵权受害人救济问题的前提条件下，推动食品安全责任强制保险立法、加快食品安全责任强制保险发展将是大势所趋。为此，加强我国食品安全责任强制保险的整体立法规划和加快立法进度具有特殊的重要意义。而可以预见的是，随着我国持续深入推进政府职能转变，加强国家治理体系和治理能力现代化，食品安全责任强制保险立法将迎来明媚的春天。

展望未来，随着实践的深入发展和立法条件的逐渐成熟，食品安全责任强制保险法律体系将日趋完善，食品安全责任强制保险将成为我国强制责任保险体系的重要组成部分。而食品安全责任强制保险的发展，必将带动任意责任保险乃至其他强制责任保险的发展，责任保险也必将在我国公共风险管理和公共利益保护中发挥更加重要的作用。

第四节　本章小结

建立和完善食品安全责任强制保险的立法体系，其目的在于赋予食品安全责任强制保险合法地位，并使其制度规则得以进一步上升为法律，为其发展营造良好的法律环境。在构建食品安全责任强制保险的立法体系时，为了有效兼顾食品安全责任强制保险的地区差异，更好地实现立法原则性与灵活性的和谐统一，应对中央和地方的立法权进行合理分配。基于食品安全责任强制保险的属性和特征，其立法应以中央立法权为主导，地方立法权是对中央立法权的必要补充。在此基础上，立法机关可以通过修订《保险法》《食品安全法》的相关条款，以及对食品安全责任强制保险进行专门立法等形式，建立中国食品安全责任强制保险的立法体系。

考虑到立法的时滞性和各地防范食品安全责任风险的现实需要，在食品安全责任强制保险立法完善之前，可以考虑借鉴环境污染强制责任保险的实践经验，由国家食品监督管理部门和保险监督管理部门等联合出台部门规章，建立食品安全责任强制保险的统一规则，继续深入推动“试点”工作的开展，为食品安全责任强制保险立法积累经验和创造条件。同时，也可以由地方制定和完善地方性法规，以“类强制”的方式，赋予高危食品企业投保食品安全责任保险的法定义务；或者将投保食品安全责任保险与特定的食品安全行政监管事项相联系，以“事实强制”的形式，确保高危食品生产经营企业主动投保食品安全责任保险，进而更好地满足当前运

用保险手段加强食品安全风险管理的需要。

尽管当前食品安全责任强制保险发展仍面临一定的问题，但我们不能因此而踟蹰不前，更不应完全无视其制度存在的必要性与合理性，而是应当看到，食品安全责任强制保险的发展前景依然值得期待。因此，我国应继续深入推动食品安全责任强制保险“试点”的开展，并为其立法体系的不断完善积极创造条件。

第八章

结　论

法律制度的创建离不开特定的社会经济基础。在立法条件不具备的情况下，立法不仅难以得到社会的普遍认同，而且在客观上也难以达到预期的立法效果。就食品安全责任强制保险而言，由于受到实践经验积累、理论研究发展、立法者主观判断等多种因素影响，其立法尚未最终完成。但是，这并不能否定其正当性与合理性。在我国的现实国情下，食品安全责任强制保险仍是解决受害人救济难问题的有效路径，因此，研究其制度构建问题，具有重要的理论意义和现实价值。

在食品安全责任强制保险的理论研究中，最核心和最重要的问题在于，如何通过科学的制度设计，构建形成科学的、与中国国情相契合的食品安全责任强制保险制度，使强制保险的风险管理和社会治理功能得到最大限度的发挥，同时将“强制”可能带来的不利影响降至最低。为此，在进行相关研究时，必须立足于我国食品安全责任强制保险的具体实践，并深入挖掘其制度推行背后的深层次原因。更为重要的是，要立足于强制保险的利益平衡目标，对食品安全责任强制保险所涉及的利益和利益关系进行深入探析，推动其制度规则的建立和立法体系的完善，使食品安全责任强制保险的制度框架得以最终确立。这便是本书研究的逻辑依据、路径遵循和主要内容。通过研究，本书得出以下主要结论。

一、食品安全责任强制保险的理论要义和实践特征

（一）食品安全责任强制保险的理论要义

通常意义上，食品安全责任强制保险具有提高投保人的责任风险管理

能力、加强受害人和社会公共利益保护、推动保险业发展等功能。关于这一点，其与交强险、环境污染强制责任保险等相比并无不同。而其差别之处则在于，由于食品安全责任强制保险诞生于我国深入推进政府职能转变、食品安全监管创新、社会治理体系和治理能力现代化的特定时期，它由此成为推动我国食品安全监管从管理向多元主体合作共治转变的重要抓手，社会治理的功能更加突出，同时也顺应了我国简政放权和“放”“管”“服”相结合的发展趋势和要求。

由于食品安全问题关乎全体国民的利益，且第一责任主体在于食品生产经营者，因此，面对推行食品安全责任强制保险可能带来的逆选择和道德风险问题，可以通过责任限额、声誉机制、道德、法律、社会责任等方式来加以控制。从制度推行的基础性条件看，由于我国食品安全责任任意保险长期处于“供求双冷”的状态，无法为食品安全责任强制保险的产品设计提供充分的基础数据，再加上食品安全责任风险识别、风险评估、风险管理的高度专业性和复杂性，在一定程度上影响了食品安全责任强制保险的产品设计和制度实施，因此，食品安全责任强制保险发展仍将面临诸多问题。

（二）我国食品安全责任强制保险的实践特征

由于缺乏成功的经验可资借鉴，要解决我国食品安全责任强制保险发展所面临的问题，最直接和最有效的方式便是实践。通过开展具体的实践活动，不断试错和积累经验，为相关问题的解决创造条件，从而推动食品安全责任强制保险在我国的健康发展。

当前，我国食品安全责任强制保险实践集中体现为食品安全责任强制保险“试点”。它以国务院和地方政府出台的法律文件和政策性文件为依据，由各地根据本地实际推行食品安全责任强制保险。从各地开展“试点”的情况看，它主要针对高危食品行业和重点食品企业展开，在运作模式上主要采取政府主导和市场化运作相结合的模式；地方政府通常以指定的方式确定保险承保机构，并鼓励保险公司积极进行食品安全责任强制保险的产品创新。“试点”的结果表明，食品安全责任强制保险的推行，不仅不会对保险当事人造成重大不利影响，而且对受害人救济、食品安全监管创新和食品安全合作共治均具有积极意义。与此同时，“试点”还表明，我国食品安全责任强制保险发展还面临着上位法依据不足、部分规则缺乏合理性、保险主体利益保护规则不完善、相关法律责任规定缺失等问题，亟须通过制度规则的制定和立法体系的完善来加以解决。

二、我国推行食品安全责任强制保险的原因

在市场经济条件下，政府与市场泾渭分明。对政府而言，非有维护公共利益的正当理由和法律依据，不得运用行政权力任意干预市场的正常运作。食品安全责任强制保险的本质是政府对保险市场和保险当事人的意思自治进行干预，因此，有必要对我国着力推动该制度发展的原因进行分析，以为其制度构建奠定正当性与合理性基础。鉴于食品安全责任强制保险在域外国家和地区的发展状况，在对此问题进行分析时，必须立足于我国特定时期的经济背景、政治背景、法律背景和社会背景。

客观上，食品安全事故的频繁发生，不仅严重影响了我国食品业的健康发展，而且严重损害了政府公信力和消费者的合法权益，并对我国食品安全监管的模式和受害人救济的路径提出了新的更高的要求。只有实现食品安全监管模式的创新，才能切实提高食品安全监管成效；只有通过特定的制度安排，才能弥补既有法律的缺陷，有效解决侵权人赔偿能力不足的问题，更好地保护受害人。而从功能上看，食品安全责任保险正是达成以上目标的应然选择。它通过市场化的路径，优化了既有的食品安全监管模式，推动了食品安全合作共治的发展；同时，通过保险的风险分摊和风险管理功能，提高了食品生产经营者的赔偿能力，为受害人提供了更加及时有效的救济。但是，由于我国食品安全责任保险市场长期处于“失灵”状态，任意保险始终未能在食品安全治理中发挥其应有的作用，因此，国家有必要对保险市场进行适度的干预。而“强制”，则是实现干预目的的有效方式。综上所述，在当前特定的经济、政治、法治和社会环境下，推行食品安全责任强制保险成为我国加强食品安全责任风险管理和受害人救济的必然选择。

三、食品安全责任强制保险的利益衡量

立法利益衡量理论为食品安全责任强制保险的利益衡量提供了理论依据和分析工具。首先，应对法律制度创建所涉及的利益和利益关系加以识别。总体上看，食品安全责任强制保险所涉及的利益包括制度利益、投保人（被保险人）的具体利益和群体利益、保险人的具体利益和群体利益、第三人的具体利益和群体利益，以及社会公共利益。其次，应对法律制度创建所涉及的利益，尤其是冲突性利益进行权衡与比较，确定其立法保护的位阶。就食品安全责任强制保险的制度利益而言，其具有经济性与合理性特征；同时，在实现手段上具有适当性，在具体目标上具有可实现性。这也从另一个侧面验证了该制度的科学性。对于食品安全责任强制保险所涉及的其他利益，其相互间既有矛盾也有冲突，因此，应根据不同的法律性质和不同的重要程度来确定其法律保护的位阶和次序。一方面，应优先保护受害第三人利益和社会公共利益，以彰显食品安全责任强制保险的本质属性和立法目标。另一方面，为了确保食品安全责任强制保险的有效运作和健康发展，在立法上应重视对保险人利益的保护；同时，应合理兼顾投保人和被保险人的利益保护，以最终实现相关保险主体的利益平衡。

四、我国食品安全责任强制保险制度构建的路径

食品安全责任强制保险制度构建的过程亦是对相关主体利益进行协调与平衡的过程。根据食品安全责任强制保险利益平衡的实现机制，可以以其立法理念为指引，通过权力和义务的平衡配置、权利和义务的平衡配置，以及权力和权利的平衡配置，建立相应的保险规则。总体上看，在涉及投保人的确定、保险责任范围的确定、保险费率的确定、除外责任的确定等规则时，应通过国家权力和保险主体义务的平衡配置来制定；在涉及第三人直接请求权、保险人参与权和代位追偿权、保险合同的变更权和转让权等规则时，应通过保险主体权利和义务的平衡配置来制定；在涉及保险人的确定、保险责任限额的确定、保险合同的订立和解约等规则时，应

通过国家权力和保险主体权利的平衡配置来制定。与此同时，应当通过制定专门立法、修订现有法律等形式，逐步完善食品安全责任强制保险的立法体系。由于立法的滞后性，在完善相关立法之前，应当对食品安全责任强制保险的发展做出过渡性的制度安排，以实现对当前“试点”工作的衔接，并为继续推动我国食品安全责任强制保险的发展创造有利条件。

五、我国食品安全责任强制保险的发展趋势

不可否认，由于食品安全责任强制保险未能被我国的现行立法所确认，其发展也将在一定程度上受到较大的不利影响。但是，由于在短期内我国保险市场环境和法治环境难以出现根本性的转变，现行立法所确立的“鼓励投保”模式仍将面临诸多难题，尤其是食品安全责任保险“供求双冷”的难题。因此，食品安全责任强制保险在受害人救济和社会公共利益保护中的作用和优势仍将难以取代，其在我国的发展前景依然光明。

再从实践的角度看，受立法不完善的影响，已有多地改变了食品安全责任强制保险的推行模式。一方面，通过制定地方性法规，在本地的食品高风险行业和领域，以“类强制”的方式推行食品安全责任保险；另一方面，将投保食品安全责任保险与企业的风险评估、信用记录等事项挂钩，以“事实强制”的方式推行食品安全责任保险。这些做法无疑在一定程度上解决了立法不完善和保险市场不成熟时的食品安全责任保险推行问题，同时也为我国食品安全责任强制保险立法积累了有益经验。但显然，这仍不足以解决我国食品安全责任强制保险的长远发展问题。为此，我国应继续出台政策，进一步鼓励和支持食品安全责任强制保险“试点”的开展；同时，应着眼于食品安全责任强制保险立法的中长期规划，积极创造立法条件，推动相关立法工作的开展。而在立法依然滞后的情况下，政府对食品安全责任强制保险的支持和推动显得尤为重要。只有充分发挥各级政府在政策引领、规则制定和立法推动中的作用，才能为我国食品安全责任强制保险的健康发展奠定坚实基础。

同时应当看到，食品安全责任强制保险发展本身并非完全孤立的问题，它将在较大程度上受制于我国特定时期的经济、政治、社会和法治环

境。在当前的社会治理环境下，唯有始终坚持以利益平衡为目标，并正确处理好安全与效率、强制与自治、特殊与一般的关系，才能构建形成契合我国国情和食品安全治理实际的食品安全责任强制保险制度，为国人“舌尖上的安全”提供更好的守护。

参考文献

[1] 阿维那什·迪克西特. 经济政策的制定 [M]. 北京: 中国人民大学出版社, 2004.

[2] 鲍石. 食品安全责任强制保险或再遇推行难 [N]. 中国食品报, 2013-11-15.

[3] 陈聪富. 因果关系与损害赔偿 [M]. 北京: 北京大学出版社, 2006.

[4] 陈飞. 论我国责任保险立法的完善——以新《保险法》第65条为中心 [J]. 法律科学 (西北政法大学学报), 2011 (5).

[5] 陈新民. 德国公法学基础理论 [M]. 济南: 山东人民出版社, 2001.

[6] 陈自强. 民法讲义——合同之成立与生效 [M]. 北京: 法律出版社, 2002.

[7] 崔建远. 强制缔约及其中国化 [J]. 社会科学战线, 2006 (5).

[8] 陈志龙. 法益与刑事立法 [M]. 台湾大学丛书编辑委员会, 1992.

[9] 狄骥. 法律与国家 [M]. 冷静译. 北京: 中国法制出版社, 2010.

[10] 狄骥. 宪法学教程 [M]. 王文利等译. 沈阳: 辽海出版社, 上海: 春风文艺出版社, 1999.

[11] 董泽华. 论我国食品安全责任强制保险法律制度的构建 [J]. 法学杂志, 2015 (1).

[12] 段白鸽, 王永钦, 夏梦嘉. 金融创新如何缓解信任品市场失灵? ——中国食品安全责任强制保险的自然实验 [J]. 金融研究, 2019 (9).

[13] (美) E. 博登海默著. 法理学法哲学与法律方法 [M]. 邓正来译. 北京: 中国政法大学出版社, 1999.

[14] 樊启荣. 论保险合同的解除与溯及力 [J]. 保险研究, 1997 (8).

[15] 樊启荣．责任保险与索赔理赔［M］．北京：人民法院出版社，2002.

[16] 范利平．侵权行为法中的因果关系——理论与实践［M］．广州：中山大学出版社，2004.

[17] 高红梅．论国家干预的制度逻辑［J］．深圳大学学报（人文社会科学版），2014（11）.

[18] 高其才．现代立法理念论［J］．南京社会科学，2006（1）：87.

[19] 高秦伟．美国规制影响分析与行政法的发展［J］．环球法律评论，2012（6）.

[20]（德）格哈德·瓦格纳．比较法视野下的侵权法与责任保险［M］．魏磊杰等译．北京：中国法制出版社，2012.

[21] 关淑芳．论惩罚性赔偿责任的可保性［J］．当代法学，2006（1）.

[22] 郭道晖．公民权与公民社会［J］．法学研究，2006（1）.

[23] 郭峰，杨华柏，胡晓珂，陈飞．强制保险立法研究［M］．北京：人民法院出版社，2009.

[24] 郭颂平．责任保险［M］．天津：南开大学出版社，2005.

[25] 哈特穆特·毛雷尔．行政法学总论［M］．高家伟译．北京：法律出版社，2000.

[26]（英）哈耶克．法律、立法与自由［M］．邓正来等译．北京：中国大百科全书出版社，1997.

[27]（英）哈耶克．自由秩序原理［M］．邓正来译．北京：生活·读书·新知三联书店，1997.

[28] 韩长印．我国交强险立法定位问题研究［J］．中国法学，2012（5）.

[29] 韩长印．责任保险中的连带责任承担问题——以机动车商业三责险条款为分析样本［J］．中国法学，2015（2）.

[30] 韩赤风．论精神损害赔偿的适用及其排除——以中德法律及司法实践为视角［J］法学，2006（10）.

[31] 郝银忠，席作立．宪政视角下的比例原则［J］．法商研究，2004（6）.

［32］何锦强，孙武军．我国食品安全责任强制保险制度之构建——以强制自治为视角［J］．保险研究，2016（3）．

［33］何勤华．西方法律思想史［M］．上海：复旦大学出版社，2005．

［34］胡鸿高．论公共利益的法律界定——从要素解释的路径［J］．中国法学，2008（4）．

［35］黄新华．政治过程、交易成本与治理机制——政策制定过程的交易成本分析理论［J］．厦门大学学报（哲学社会科学版），2012（1）．

［36］黄学贤．公共利益界定的基本要素及应用［J］．法学，2004（10）．

［37］黄肇伟．论契约自由与强制缔约的互补、统一［J］．行政与法，2003（7）．

［38］贾爱玲．环境责任保险制度研究［M］．北京：中国环境科学出版社，2010．

［39］贾林青．刍议以食品安全责任险取代食品领域产品责任［J］．保险法前沿，北京：法律出版社，2012．

［40］贾林青．食品安全责任保险在我国的适用路径［J］．保险研究，2014（8）．

［41］贾玉平，吕中行．公共政策视域下的强制缔约［J］．吉林大学社会科学学报，2007（9）．

［42］江朝国．强制汽车责任保险法［M］．北京：中国政法大学出版社，2006．

［43］江朝国．社会保险、商业保险在福利社会中的角色［J］．月旦法学杂志，2010（10）．

［44］姜昕．比例原则的理论基础探析——以宪政哲学与公法精神为视角［J］．河北法学，2008（7）．

［45］焦宝乾．衡量的难题——对几种利益衡量标准的探讨［J］．杭州师范大学学报（社会科学版），2010（9）．

［46］敬乂嘉．从购买服务到合作治理——政社合作的形态与发展［J］．中国行政管理，2014（7）．

［47］赖达清．社会保障法：保障公民生存权利的法律形式［M］．成

都：四川人民出版社，2003.

［48］李芳，王煜．食品安全责任保险模式研究［J］．保险研究，2015（9）.

［49］李飞．保险法上如实告知义务之新检视［J］．法学研究，2017（1）.

［50］李凤宁．责任保险第三人直接请求权的性质探析［J］．湖北社会科学，2007（7）.

［51］李国强，孙伟良．民法冲突解决中的利益衡量——从民法方法论的进化到解释规则的形成［J］．法制与社会发展，2012（1）.

［52］李华．我国食品安全强制责任保险制度的构建［J］．商业研究，2012（5）.

［53］李薇．日本机动车事故损害赔偿法律制度研究［M］．北京：法律出版社，1997.

［54］李西冷，李健男．食品安全强制责任保险制度的发展及构建［J］，财经科学，2018（12）.

［55］李新天，印通．食品安全责任保险二元结构论［J］．政法论丛，2012（4）.

［56］李雅云．侵权责任的规制原则及其社会化趋势［J］．中共中央党校学报，2002（1）.

［57］李章军．中英保险合同中如实告知义务之比较研究［J］．比较法研究，2003（5）.

［58］梁慧星．我国《侵权责任法》的几个问题［J］．暨南学报（哲学社会科学版），2010（3）.

［59］梁上上．公共利益与利益衡量［J］．政法论坛，2016（11）.

［60］梁上上．利益的层次结构与利益衡量的展开——兼评加藤一郎的利益衡量论［J］．法学研究，2002（1）.

［61］梁上上．利益衡量的界碑［J］．政法论坛（中国政法大学学报），2006（5）.

［62］梁上上．利益衡量论［M］．北京：法律出版社，2016.

［63］梁上上．制度利益衡量的逻辑［J］．中国法学，2012（4）.

［64］刘鹏，孙燕茹．中国食品安全责任强制保险的制度分析与流程设计［J］．武汉大学学报（哲学社会科学版），2014（7）．

［65］刘权．目的正当性与比例原则的重构［J］．中国法学，2014（4）．

［66］刘权．作为规制工具的成本收益分析——以美国的理论与实践为例［J］．行政法学研究，2015（1）．

［67］刘士国．侵权责任法重大疑难问题研究［M］．北京：中国法制出版社，2009．

［68］刘士国．现代侵权损害赔偿研究［M］．北京：法律出版社，1998．

［69］刘宗荣．新保险法：保险合同的理论与实务［M］．北京：中国人民大学出版社，2009．

［70］柳芃．食品安全责任保险模式选择［J］．保险研究，2015（7）．

［71］（美）卢瑟亚特，史密斯，奎伊．财产与责任保险原理［M］．北京：北京大学出版社，2003．

［72］卢玮．食品安全责任保险立法模式的比较与选择［J］．法学，2015（8）．

［73］卢玮．我国食品安全责任保险制度的困境与重构［J］．华东政法大学学报，2019（6）．

［74］（美）罗斯科·庞德．通过法律的社会控制——法律的任务［M］．北京：商务印书馆，1984．

［75］麻昌华．侵权行为法地位研究［M］．北京：中国政法大学出版社，2004．

［76］（德）马克思·韦伯．论经济与社会中的法律［M］．北京：中国大百科全书出版社，2003．

［77］马宁．惩罚性赔偿、精神损害赔偿与保险人的诚实理赔义务［J］保险研究，2014（4）．

［78］马晓华．食品安全责任险遇尴尬 强制推行尚不成熟［N］．第一财经日报，2015－01－06．

［79］马英娟．走出多部门监管的困境——论中国食品安全监管部门间的协调合作［J］．清华法学，2015（3）．

［80］马永伟．各国保险法规制度对比研究［M］．北京：中国金融出

版社，2002.

［81］门中敬．比例原则的宪法地位与规范依据——以宪法意义上的宽容理念为分析视角［J］．法学论坛，2014（9）．

［82］孟生旺．非寿险定价［M］．北京：中国财政经济出版社，2011.

［83］潘红艳，徐卫东．论食品安全强制责任保险的制度构建［J］．社会科学战线，2014（8）．

［84］潘红艳．被保险人法律地位研究［J］．当代法学，2011（1）．

［85］朴贞子，金炯烈．政策形成论［M］．济南：山东人民出版社，2008.

［86］冉克平．论强制缔约制度［J］．政治与法律，2009（11）．

［87］沈建华．食品安全责任险如何“强制”需研究［N］．文汇报，2014－01－03.

［88］施文森．保险法总论［M］．台北：三民书局，1985.

［89］史云贵，欧晴．社会管理创新中政府与非政府组织合作治理的路径创新论析［J］．社会科学，2013（4）．

［90］苏永钦．走入新世纪的私法自治［M］．北京：中国法制出版社，2008.

［91］苏宇．略论“试点”的合法性基础［J］．政治与法律，2010（2）．

［92］粟榆，岑敏华．赋予第三者直接请求权与责任保险的风险管控［J］．中央财经大学学报，2011（1）．

［93］孙宏涛．产品责任强制保险制度研究［M］．北京：北京大学出版社，2018.

［94］孙玉红．“无责赔付”之匡正——法律解释方法的视角［J］．法律科学，2011（3）．

［95］汤姆·贝克．一位美国保险法学者的视角：责任保险塑造保险法的六种方式［J］．收录于格哈德·瓦格纳．比较法视野下的侵权法与责任保险［M］．魏磊杰等译．北京：中国法制出版社，2012.

［96］唐皇凤．制度正义：中国政治发展的关键议题［J］．政治学研究，2012（2）．

［97］唐金成，闭潇丽．我国食品安全强制责任保险研究［J］．区域

金融研究，2014（2）.

［98］唐秋伟．社会网络结构下的多元主体合作治理［J］．郑州大学学报（哲学社会科学版），2011（4）.

［99］涂尔干．社会分工论［M］．渠东译．上海：生活·读书·新知三联书店，2013.

［100］涂永前，徐静．论我国食品安全规制的路径选择［J］．法学评论，2012（3）.

［101］庹国柱．浅议强制或政策性保险的“不盈不亏”原则［J］．中国保险，2007（4）.

［102］万晓运．“交强险”中受害第三人直接请求权问题探析［J］．法学，2011（4）.

［103］王德明．责任保险在多元化救济体系中的位置及其法律环境分析［J］．保险研究，2014（10）.

［104］王理万．商业性强制保险制度的合宪性分析［J］．法学家，2017（2）.

［105］王利明．惩罚性赔偿研究［J］．中国社会科学，2000（4）.

［106］王利明．建立和完善多元化的受害人救济机制［J］．中国法学，2009（4）.

［107］王利明．侵权行为法归责原则研究［M］．北京：中国政法大学出版社，1997.

［108］王浦劬．论转变政府职能的若干理论问题［J］．国家行政学院学报，2015（1）.

［109］王泽鉴．侵权行为法之危机及其发展趋势．民法学说与判例研究（第二册）［M］．北京：中国政法大学出版社，1998.

［110］王泽鉴．危险社会、保护国家与损害赔偿法［J］．月旦法学杂志，2005（2）.

［111］王泽鉴．债法原理（第1册）［M］．北京：中国政法大学出版社，2001.

［112］温世扬，武亦文．论保险代位权的法理基础及其适用范围［J］．清华法学，2010（4）.

［113］温世扬．“相对分离原则”下的保险合同与侵权责任［J］．当代法学，2012（5）．

［114］温世扬．保险法［M］．北京：法律出版社，2016．

［115］文杰．交强险中保险人的追偿权质疑——我国《交强险条例》第22条之妥当性评析［J］．保险研究．2012（11）．

［116］吴丙新．传统司法意识形态的反思与修正——以利益衡量为切入点［J］．法学，2013（1）．

［117］武亦文．保险代位权与被保险人损害赔偿请求权的受偿顺序［J］．比较法研究，2014（6）．

［118］肖峰．我国食品安全制度与责任保险制度的冲突及协调［J］．法学，2017（8）．

［119］肖振宇，唐汇龙．食品安全责任强制保险设计研究［J］．保险研究，2013（4）．

［120］谢怀栻．是统一立法还是地方分散立法［J］．中国法学，1993（5）．

［121］邢海宝．经济可保利益研究［J］．现代法学，2005（5）．

［122］徐海燕．论食品安全侵权的人身损害赔偿制度［J］．河北法学，2013（10）．

［123］徐卫东，崔楠．保险公司社会责任论保险研究——公益性本质与社会性经营的法律契合［J］．法学杂志，2014（3）．

［124］许飞琼．责任保险［M］．北京：中国金融出版社，2007．

［125］许良根．保险代位求偿制度研究［M］．北京：法律出版社，2008．

［126］薛克鹏．国家干预的法律分析［J］．法学家，2005（2）．

［127］彦法，日晶．既要统一立法也要地方立法［J］．中国法学，1994（2）．

［128］杨华柏．完善我国强制保险制度的思考［J］．保险研究，2006（10）．

［129］杨立新，袁雪石，陶丽琴．侵权行为法［M］．北京：中国政法大学出版社，1997．

［130］杨炼．论现代立法中的利益衡量［J］．时代法学，2010（8）.

［131］杨临宏．行政法中的比例原则研究［J］．法制与社会发展，2001（6）.

［132］杨仁寿．法学方法论［M］．北京：中国政法大学出版社，1999.

［133］叶俊荣．面对行政程序法［M］．台北：台北元照出版社，2002.

［134］叶延玺．论惩罚性赔偿的可保性［J］．河北法学，2016（3）.

［135］易军，宁红丽．强制缔约制度研究——兼论近代民法的擅变与革新［J］．法学家，2003（3）.

［136］应松年，杨伟东．不断把政府职能转变推向深入［J］．中国行政管理，2006（4）.

［137］游杰．责任保险代位权探析［J］．保险研究，2003（1）.

［138］于海纯．我国食品安全责任强制保险的法律构造研究［J］．中国法学，2015（3）.

［139］于敏．海峡两岸强制汽车责任保险法律制度比较研究——从国际趋势和受害人保护看两岸措施统合之必要［J］．中国法学，2007（5）.

［140］余净植．“利益衡量”理论发展源流及其对中国法律适用的启示［J］．河北法学，2011（6）.

［141］余立力．论信赖利益损害的民法救济［J］．现代法学，2006（1）.

［142］约翰·罗尔斯．正义论［M］．北京：中国社会科学出版社，1988.

［143］约翰·罗尔斯．作为公平的正义——正义新论［M］．姚大志译．上海：上海三联书店，2002.

［144］曾世雄．损害赔偿法原理［M］．北京：中国政法大学出版社，2001.

［145］张东昱．强制责任保险：政府经济管理职能视角的考察［J］．东南学术，2007（6）.

［146］张恩典．食品安全强制责任保险的合法性分析［J］．保险研究，2016（1）.

［147］张恒山．略论制度正义——执政党的至上价值目标［J］．中共中央党校学报，2007（4）.

[148] 张康之．论主体多元化条件下的社会治理［J］．中国人民大学学报，2014（2）．

[149] 张文显．二十世纪西方法哲学思潮研究［M］．北京：法律出版社，1996．

[150] 张文显．法哲学范畴研究［M］．北京：中国政法大学出版社，2001．

[151] 张新宝，葛维宝．大规模侵权法律对策研究［M］．北京：法律出版社，2011．

[152] 张新宝，李倩．惩罚性赔偿的立法选择［J］．清华法学，2009（4）．

[153] 张新宝，陈飞．机动车第三者责任强制保险制度研究报告［M］．北京：法律出版社，2005．

[154] 张新宝．侵权责任立法的利益衡量［J］．中国法学，2009（4）．

[155] 张梓太，张乾红．我国环境侵权责任保险制度之构建［J］．法学研究，2006（3）．

[156] 赵宏．限制的限制：德国基本权利限制模式的内在机理［J］．法学家，2011（2）．

[157] 赵雷．行政立法评估之成本收益分析——美国经验与中国实践［J］．环球法律评论，2013（6）．

[158] 赵明昕．机动车第三者责任强制保险的利益衡平问题研究［J］．现代法学，2005（7）．

[159] 周海珍．强制保险能否提高保险市场效率［J］．清华大学学报（哲学社会科学版），2009 增（1）．

[160] 周旺生．论法律利益［J］．法律科学，2004（2）．

[161] 朱岩．从大规模侵权看侵权责任法的体系变迁［J］．中国人民大学学报，2009（3）．

[162] 朱岩．强制缔约制度研究［J］．清华法学，2011（5）．

[163] 邹海林．责任保险论［M］．北京：法律出版社，1999．

[164] 邹志洪，曹顺明．论我国强制保险立法的完善［J］．保险研究，2007（9）．

[165] Abraham K S. , "Making Sense of the Liability Insurance Crisis", *Ohio State Law*, 1987 (48).

[166] Alana Bartley. "The Liability Insurance Regulation of Religious Institutions after the Catholic Church Sexual Abuse Scandal", *Connecticut Insurance Law Journal*, 2010 (64).

[167] Christen Markely, "Food Safety and Liability Insurance: Emerging Issues for Farmers and Institutions", A Community Food Security Coalition Report, Dec. 2010.

[168] Christian Lahnstein, "The Insurability of New Liability Disks", *The Geneva Papers on Risk and Insurance*, 2004 (29).

[169] D. Rubin, "Compulsory Liability Insurance in Austria", in A. Fenyves et al. ed. , *Compulsory Liability Insurance from a European Perspective*, 2016.

[170] Francois Ewald, "Insurance and Risk", in Graham Burchell, Colin Gordon and Peter Miller ed. , *The Foucault Effect: Studies in Governmantality*, Chicago: The University of Chicago Press, 1991.

[171] Gary T. Schwartz, "Auto No-Fault and First-Party Insurance: Advantages and Problems", *Southern California Law Review*, 2000 (94).

[172] Harris, "Compensation and Support for Illness and Injury", 1984, in Fleming ed. , *the Law of Torts*, 8th ed. , Sydney: The Law Book Company Limited, 1992.

[173] Helmut Heiss, "Compulsory Liability Insurance in the Principles of European Insurance Contract Law (PEICL)", in A. Fenyves et al. ed. , Compulsory Liability Insurance from a European Perspective, 2016.

[174] Irwin M. Taylor and Irving J. Sloan etc. , *The Law of Insurance*, London: Oceana Publications, 1983.

[175] Ison, Tort, "Liability and Social Insurance", *U. Tor. L. J.* , 1969 (19).

[176] John Aloysius Cogan Jr. , "The Uneasy Case for Food Safety Liability Insurance", *Brooklyn Law Review*, 2016 (81).

[177] Kathryn A. Boys, "Food Product Liability Insurance: Implications for the Marketing of Specialty Crops", *The Magazine of Food, Farm, and Resource Issues*, 4th Quarter 2013.

[178] Kenneth S. Abraham and Lance Liebman, "Private Insurance, Social Insurance, and Tort Reform: Toward a New Vision of Compensation for Illness and Injury", *Columbia Law Review*, 1993 (78).

[179] Kenneth S. Abraham, *Distributing Risk: Insurance, Legal Theory, and Public Policy*, New Haven: Yale University Press, 1986.

[180] Marie Bismark and Ron Paterson, "No-Fault Compensation in New Zealand: Harmonizing Injury, Provider Accountability, and Patient Safety", *Health Affairs*, 2006, 25 (1).

[181] Mark Geistfeld, "Placing a Price on Pain and Suffering: A Method for Helping Juries Determine Tort Damages for Nonmonetary Injuries", *California Law Review*, 1995.

[182] Michael G. Faure, "Economic Criteria for Compulsory Insurance", *Geneva Papers on Risk and Insurance: Issues and Practice*, 2006, 31 (1).

[183] Nishihara Hiroshi, "Constitutional Meaning of the Proportionality Principle in the Face of Surveillance State", *Waseda Bulletin of Comparative Law*, 2008, 26 (1).

[184] Omri Ben-Shaha and Kyle D. logue, "Outsourcing Regulation: How Insurance Reduces Moral Hazard", *Michigan Law Review*, 2012 (111).

[185] Özlem Gürses, "Compulsory Liability Insurance in the United Kingdom", in A. Fenyves et al. ed., Compulsory Liability Insurance from a European Perspective, 2016.

[186] Paul Bou-Habib, "Compulsory Insurance without Paternalism", *Utilitas*, 2006 (18).

[187] Raymond J. Kopp, Alan J. Krupnick, and Michael Toman, *Cost-benefit Analysis and Regulatory Reform: An Assessment of the Science and the Art*, Washington DC: Resources for the Future, 1997.

[188] Richard H. Pildes and Cass R. Sunstein, "Reinventing the Regula-

tory State", *The University of Chicago Law Review*, 1995, 62 (1).

[189] Richard Mahoney, "New Zealand's Accident Compensation Scheme: A Reassessment", *The American Journal of Compensation Law*, 1992 (40).

[190] Richard O. Zerbe Jr., "The Legal Foundation of Cost-Benefit Analysis", *Charleston Law Review*, 2007 (2).

[191] Robert Koch, "Compulsory Liability Insurance in Germany", in A. Fenyves et al. ed., Compulsory Liability Insurance from a European Perspective, 2016.

[192] Stefan Perner, "Compulsory Liability Insurance and European Union Law", in A. Fenyves et al. ed., Compulsory Liability Insurance from a European Perspective, 2016.

[193] Stephen Breyer, *Breaking the Vicious Circle: Toward Effective Risk Regulation*, MA: Harvard University Press, 1993.

[194] Steven Shavell, "On Liability and Insurance", *The Bell Journal of Economics*, 1982.

[195] Tettamanti Bernard, Hubert Bär and Jean-Claude Werz, "Compulsory Liability Insurance in a Changing Legal Environment – An Insurance and Reinsurance Perspective", in A. Fenyves et al. ed., Compulsory Liability Insurance from a European Perspective, 2016.

[196] Tom Baker and Rick Swedloff, "Regulation by Liability Insurance: From Auto to Lawyers Professional Liability", *UCLA Law Review*, 2013, 60.

[197] William M. Landes and Richard A. Posner, *The Economic Structure of Tortlaws*, MA: Harvard University Press, 1987.

后　记

本书的写作可谓一波三折，无论是选题的确定、研究思路和研究内容的整理，抑或研究视角和研究方法的选择，均经历了较长时间的斟酌和推敲。主要原因包括以下三点。其一，从理论研究的角度看，食品安全责任强制保险依然是一种较为新颖且存在一定争议的强制责任保险，尽管食品安全责任强制保险的意义和价值已获得多数学者的认可，但在我国的现实条件和环境下，是否具有推行的紧迫性及如何推行仍难以形成统一意见。其二，虽然食品安全责任强制保险受到了国务院的高度重视并已在各地开展“试点”，但当前尚未形成全国统一的制度规则。其三，《中华人民共和国食品安全法》2015 年和 2018 年两次修订，均未明确食品安全责任强制保险的法律地位，虽然这并不会导致各地正在开展的食品安全责任强制保险“试点”终止，但它却在客观上影响了地方政府宣传和推广的积极性，延缓了“试点”的发展进度，并对本书全面掌握和获取各地“试点”的资料造成了不利影响。

为了有效解决上述问题，本书以国务院和地方各级政府所下发的“试点”文件为依据，在加强与各级保险监管部门联系，并多方收集食品安全责任强制保险“试点”资料的基础上，对我国食品安全责任强制保险实践进行了总结；同时，以立法利益衡量为贯穿全书的主线，并综合运用各相关学科的理论和分析方法，力图通过研究视角、研究方法和研究内容的创新，将相关不利影响降至最低。当然，这依然不足以解决所有存在的问题。受理论分析工具本身的不足和本人理论水平的限制，本书在研究内容上难免会存在诸多不足，有待日后进一步解决。

回望本书的写作历程，一切依然历历在目。在进行相关研究的过程中，我的博士生导师刘文教授给予了全方位的指导和帮助，清华大学马俊驹教授，西南财经大学鲁篱教授、高晋康教授，四川省社会科学院周友苏研究员等业内专家也提出了诸多宝贵意见。在此，特向他们致以最诚挚的感谢！他们严谨的治学态度、渊博的学识和孜孜不倦的教诲，将让我永远铭记于心、受益终身！同时，还要感谢北京大学法学院蒋大兴教授为本书作序，感谢经济科学出版社初少磊编辑为本书的出版所做的工作。

最后，还要深深地感谢我的妻子。是她一如既往的包容、鼓励和支持，给予了我不断前行的力量，让我更加坚定了完成本研究的信念，也为本书的顺利完成奠定了坚实基础。

谨将此书献给以上提及和未提及的所有给予我关心、帮助和支持的人！

何锦强
2021 年 1 月

图书在版编目（CIP）数据

食品安全责任强制保险制度构建研究：基于立法利益衡量理论／何锦强著．—北京：经济科学出版社，2021.3

ISBN 978－7－5218－2419－3

Ⅰ．①食…　Ⅱ．①何…　Ⅲ．①食品安全－责任保险－保险制度－研究－中国　Ⅳ．①D922.284.4

中国版本图书馆 CIP 数据核字（2021）第 040220 号

责任编辑：初少磊
责任校对：徐　昕
责任印制：李　鹏　范　艳

食品安全责任强制保险制度构建研究：基于立法利益衡量理论
何锦强　著
经济科学出版社出版、发行　新华书店经销
社址：北京市海淀区阜成路甲 28 号　邮编：100142
总编部电话：010－88191217　发行部电话：010－88191540
网址：www.esp.com.cn
电子邮箱：esp@esp.com.cn
天猫网店：经济科学出版社旗舰店
网址：http://jjkxcbs.tmall.com
北京季蜂印刷有限公司印装
710×1000　16 开　11.75 印张　190000 字
2021 年 4 月第 1 版　2021 年 4 月第 1 次印刷
ISBN 978－7－5218－2419－3　定价：56.00 元
（图书出现印装问题，本社负责调换。电话：010－88191510）